DICTIONNAIRE GÉNÉRAL

DES

LOIS PÉNALES

DISCIPLINAIRES ET DE POLICE

CONTENANT

1° Le texte des Codes Pénal et d'Instruction criminelle;
2° Le texte des Lois prononçant des peines en matière civile, administrative, fiscale, militaire, maritime, etc., etc.;
3° Le texte des Lois disciplinaires et de police générale;
4° Sous chaque texte l'exposé des difficultés résolues par la Jurisprudence et la doctrine des auteurs.

PAR E. DE CHABROL-CHAMÉANE

Ancien Magistrat.

NOUVELLE ÉDITION, AVEC UN SUPPLÉMENT CHRONOLOGIQUE AU COURANT DU DERNIER ÉTAT DE LA LÉGISLATION CRIMINELLE.

TOME SECOND.

PARIS

CHEZ AUGUSTE DURAND, LIBRAIRE

RUE DES GRÈS, 5.

1851

DICTTIONNAIRE GÉNÉRAL

DES

LOIS PÉNALES

PARIS. — IMPRIMERIE ET LITHOGRAPHIE DE MAULDE ET RENOU,
Rue Bailleul, 9-11.

DICTIONNAIRE GÉNÉRAL

DES

LOIS PÉNALES

DISCIPLINAIRES ET DE POLICE

CONTENANT

1° Le texte des Codes pénal et d'instruction criminelle;

2° Le texte des lois prononçant des peines en matière civile, administrative, fiscale, militaire, maritime, etc., etc.;

3° Le texte des lois disciplinaires et de police générale;

4° Sous chaque texte, l'exposé des difficultés résolues par la jurisprudence et la doctrine des auteurs;

PAR

E. DE CHABROL-CHAMÉANE

ANCIEN MAGISTRAT

NOUVELLE ÉDITION, AVEC UN SUPPLÉMENT CHRONOLOGIQUE AU COURANT DU DERNIER ÉTAT DE LA LÉGISLATION CRIMINELLE.

TOME PREMIER.

PARIS

CHEZ AUGUSTE DURAND, LIBRAIRE, RUE DES GRÈS, N° 5

1851

DICTIONNAIRE GÉNÉRAL

DES

LOIS PÉNALES

PARIS. — IMPRIMERIE ET LITHOGRAPHIE DE MAULDE ET RENOU,
Rue Bailleul, 9-11.

DICTIONNAIRE GÉNÉRAL

DES

LOIS PÉNALES

DISCIPLINAIRES ET DE POLICE

CONTENANT

1° Le texte des Codes pénal et d'instruction criminelle;

2° Le texte des lois prononçant des peines en matière civile, administrative, fiscale, militaire, maritime, etc., etc.;

3° Le texte des lois disciplinaires et de police générale;

4° Sous chaque texte, l'exposé des difficultés résolues par la jurisprudence et la doctrine des auteurs;

PAR

E. DE CHABROL-CHAMÉANE

ANCIEN MAGISTRAT

NOUVELLE ÉDITION, AVEC UN SUPPLÉMENT CHRONOLOGIQUE AU COURANT DU DERNIER ÉTAT DE LA LÉGISLATION CRIMINELLE.

TOME SECOND.

PARIS

CHEZ AUGUSTE DURAND, LIBRAIRE, RUE DES GRÈS, N° 5

—

1851

CONSTITUTION

DE LA

RÉPUBLIQUE FRANÇAISE

(Décrétée le 4 novembre. — Promulguée le 12 novembre 1848.)

En présence de Dieu, et au nom du peuple français, l'Assemblée nationale proclame :

I. La France s'est constituée en République. En adoptant cette forme définitive de gouvernement, elle s'est proposé pour but de marcher plus librement dans la voie du progrès et de la civilisation, d'assurer une répartition de plus en plus équitable des charges et des avantages de la société, d'augmenter l'aisance de chacun, par la réduction graduée des dépenses publiques et des impôts, et de faire parvenir tous les citoyens, sans nouvelle commotion, par l'action successive et constante des institutions et des lois, à un degré toujours plus élevé de moralité, de lumières et de bien-être.

II. La République française est démocratique, une et indivisible.

III. Elle reconnaît des droits et des devoirs antérieurs et supérieurs aux lois positives.

IV. Elle a pour principes : la Liberté, l'Égalité et la Fraternité. — Elle a pour bases : la Famille, le Travail, la Propriété, l'Ordre public.

V. Elle respecte les nationalités étrangères, comme elle entend faire respecter la sienne, n'entreprend aucune guerre dans des vues de conquête, et n'emploie jamais ses forces contre la liberté d'aucun peuple.

VI. Des devoirs réciproques obligent les citoyens envers la République, et la République envers les citoyens.

VII. Les citoyens doivent aimer la Patrie, servir la République, la défendre au prix de leur vie, participer aux charges de l'État en proportion de leur fortune ; ils doivent s'assurer par le travail des moyens d'existence, et par la prévoyance des ressources pour l'avenir ; ils doivent concourir au bien-être commun en s'entr'aidant fraternellement les uns les autres, et à l'ordre général en observant les lois morales et les lois écrites qui régissent la société, la famille et l'individu.

VIII. La République doit protéger le citoyen dans sa personne, sa famille, sa religion, sa propriété, son travail, et mettre à la portée de chacun l'instruction indispensable à tous les hommes ; elle doit, par une assistance fraternelle, assurer l'existence des citoyens nécessiteux, soit en leur procurant du travail dans les limites de ses ressources, soit en donnant, à défaut de la famille, des secours à ceux qui sont hors d'état de travailler. — En vue de l'accomplissement de tous ces devoirs, et pour la garantie de tous ces droits, l'Assemblée nationale, fidèle aux traditions des grandes assemblées qui ont inauguré la révolution française, décrète ainsi qu'il suit la Constitution de la République.

CONSTITUTION

CHAPITRE. Ier. — De la Souveraineté.

1. La souveraineté réside dans l'universalité des citoyens français. — Elle est inaliénable et imprescriptible. — Aucun individu, aucune fraction du peuple ne peut s'en attribuer l'exercice.

CHAP. II. — Droits des Citoyens garantis par la Constitution.

2. Nul ne peut être arrêté ou détenu que suivant les prescriptions de la loi.
3. La demeure de toute personne habitant le territoire français est inviolable; il n'est permis d'y pénétrer que selon les formes et dans les cas prévus par la loi.
4. Nul ne sera distrait de ses juges naturels. — Il ne pourra être créé de commissions et de tribunaux extraordinaires, à quelque titre et sous quelque dénomination que ce soit.
5. La peine de mort est abolie en matière politique.
6. L'esclavage ne peut exister sur aucune terre française.
7. Chacun professe librement sa religion, et reçoit de l'État, pour l'exercice de son culte, une égale protection. — Les ministres soit des cultes actuellement reconnus par la loi, soit de ceux qui seraient reconnus à l'avenir, ont le droit de recevoir un traitement de l'État.
8. Les citoyens ont le droit de s'associer, de s'assembler paisiblement et sans armes, de pétitionner, de manifester leurs pensées par la voie de la presse ou autrement. — L'exercice de ces droits n'a pour limites que les droits ou la liberté d'autrui et la sécurité publique. — La presse ne peut, en aucun cas, être soumise à la censure.
9. L'enseignement est libre. — La liberté d'enseignement s'exerce selon les conditions de capacité et de moralité déterminées par les lois, et sous la surveillance de l'État. — Cette surveillance s'étend à tous les établissements d'éducation et d'enseignement, sans aucune exception.
10. Tous les citoyens sont également admissibles à tous les emplois publics, sans autre motif de préférence que leur mérite, et suivant les conditions qui seront fixées par les lois. — Sont abolis à toujours, tout titre nobiliaire, toute distinction de naissance, de classe ou de caste.
11. Toutes les propriétés sont inviolables. Néanmoins l'État peut exiger le sacrifice d'une propriété pour cause d'utilité publique légalement constatée, et moyennant une juste et préalable indemnité.
12. La confiscation des biens ne pourra jamais être rétablie.
13. La Constitution garantit aux citoyens la liberté du travail et de l'industrie. — La société favorise et encourage le développement du travail par l'enseignement primaire gratuit, l'éducation professionnelle, l'égalité de rapports entre le patron et l'ouvrier, les institutions de prévoyance et de crédit, les institutions agricoles, les associations volontaires, et l'établissement par l'État, les départements et les communes, de travaux publics propres à employer les bras inoccupés; elle fournit l'assistance aux enfants abandonnés, aux infirmes et aux vieillards sans ressources et que leurs familles ne peuvent secourir.
14. La dette publique est garantie. — Toute espèce d'engagement pris par l'État avec ses créanciers est inviolable.
15. Tout impôt est établi pour l'utilité commune. — Chacun y contribue en proportion de ses facultés et de sa fortune.
16. Aucun impôt ne peut être établi ni perçu qu'en vertu de la loi.
17. L'impôt direct n'est consenti que pour un an. — Les impositions indirectes peuvent être consenties pour plusieurs années.

CHAP. III. — Des Pouvoirs publics.

18. Tous les pouvoirs publics, quels qu'ils soient, émanent du peuple. — Ils ne peuvent être délégués héréditairement.

19. La séparation des pouvoirs est la première condition d'un gouvernement libre.

CHAP. IV. — Du Pouvoir législatif.

20. Le peuple délègue le pouvoir législatif à une Assemblée unique.

21. Le nombre total des représentants du peuple sera de sept cent cinquante, y compris les représentants de l'Algérie et des colonies françaises.

22. Ce nombre s'élèvera à neuf cents pour les Assemblées qui seront appelées à reviser la Constitution.

23. L'élection a pour base la population.

24. Le suffrage est direct et universel. Le scrutin est secret.

25. Sont électeurs, sans condition de cens, tous les Français âgés de vingt et un ans, et jouissant de leurs droits civils et politiques.

26. Sont éligibles, sans condition de domicile, tous les électeurs âgés de vingt-cinq ans.

27. La loi électorale déterminera les causes qui peuvent priver un citoyen français du droit d'élire et d'être élu. — Elle désignera les citoyens qui, exerçant ou ayant exercé des fonctions dans un département ou un ressort territorial, ne pourront y être élus.

28. Toute fonction publique rétribuée est incompatible avec le mandat de représentant du peuple. — Aucun membre de l'Assemblée nationale ne peut, pendant la durée de la législature, être nommé ou promu à des fonctions publiques salariées dont les titulaires sont choisis à volonté par le pouvoir exécutif. — Les exceptions aux dispositions des deux paragraphes précédents seront déterminées par la loi électorale organique.

29. Les dispositions de l'article précédent ne sont pas applicables aux Assemblées élues pour la révision de la Constitution.

30. L'élection des représentants se fera par département et au scrutin de liste. — Les électeurs voteront au chef-lieu de canton ; néanmoins, en raison des circonstances locales, le canton pourra être divisé en plusieurs circonscriptions, dans la forme et aux conditions qui seront déterminées par la loi électorale.

31. L'Assemblée nationale est élue pour trois ans, et se renouvelle intégralement. — Quarante-cinq jours au plus tard avant la fin de la législature, une loi détermine l'époque des nouvelles élections. — Si aucune loi n'est intervenue dans le délai fixé par le paragraphe précédent, les électeurs se réunissent de plein droit le trentième jour qui précède la fin de la législature. — La nouvelle Assemblée est convoquée de plein droit pour le lendemain du jour où finit le mandat de l'Assemblée précédente.

32. Elle est permanente. — Néanmoins, elle peut s'ajourner à un jour qu'elle fixe. — Pendant la durée de la prorogation, une commission, composée des membres du bureau et de vingt-cinq représentants nommés par l'Assemblée au scrutin secret et à la majorité absolue, a le droit de la convoquer en cas d'urgence. — Le président de la République a aussi le droit de convoquer l'Assemblée. — L'Assemblée nationale détermine le lieu de ses séances ; elle fixe l'importance des forces militaires établies pour sa sûreté, et elle en dispose.

33. Les représentants sont toujours rééligibles.

34. Les membres de l'Assemblée nationale sont les représentants, non du département qui les nomme, mais de la France entière.

35. Ils ne peuvent recevoir de mandat impératif.

36. Les représentants du peuple sont inviolables. — Ils ne pourront être recherchés, accusés, ni jugés, en aucun temps, pour les opinions qu'ils auront émises dans le sein de l'Assemblée nationale.

37. Ils ne peuvent être arrêtés en matière criminelle, sauf le cas de flagrant délit, ni poursuivis qu'après que l'Assemblée a permis la poursuite. — En cas d'arrestation pour flagrant délit, il en sera immédiatement référé à l'Assemblée, qui autorisera ou refusera la continuation des poursuites. — Cette disposition s'applique au cas où un citoyen détenu est nommé représentant.

38. Chaque représentant du peuple reçoit une indemnité à laquelle il ne peut renoncer.

39. Les séances de l'Assemblée sont publiques. — Néanmoins, l'Assemblée peut se former en comité secret, sur la demande du nombre des représentants fixé par le règlement. — Chaque représentant a le droit d'initiative parlementaire; il l'exercera selon les formes déterminées par le règlement.

40. La présence de la moitié plus un des membres de l'Assemblée est nécessaire pour la validité du vote des lois.

41. Aucun projet de loi, sauf les cas d'urgence, ne sera voté définitivement qu'après trois délibérations à des intervalles qui ne peuvent pas être moindres de cinq jours.

42. Toute proposition ayant pour objet de déclarer l'urgence, est précédée d'un exposé des motifs. — Si l'Assemblée est d'avis de donner suite à la proposition d'urgence, elle en ordonne le renvoi dans les bureaux, et fixe le moment où le rapport sur l'urgence lui sera présenté. — Sur ce rapport, si l'Assemblée reconnaît l'urgence, elle le déclare et fixe le moment de la discussion. — Si elle décide qu'il n'y a pas urgence, le projet suit le cours des propositions ordinaires.

CHAP. V. — Du Pouvoir exécutif.

43. Le Peuple français délègue le pouvoir exécutif à un citoyen qui reçoit le titre de président de la République.

44. Le président doit être né Français, âgé de trente ans au moins, et n'avoir jamais perdu la qualité de Français.

45. Le président de la République est élu pour quatre ans, et n'est rééligible qu'après un intervalle de quatre années. — Ne peuvent non plus être élus après lui dans le même intervalle, ni le vice-président, ni aucun des parents ou alliés du président, jusqu'au sixième degré inclusivement.

46. L'élection a lieu de plein droit le deuxième dimanche du mois de mai. — Dans le cas où, par suite de décès, de démission ou de toute autre cause, le président serait élu à une autre époque, ses pouvoirs expireront le deuxième dimanche du mois de mai de la quatrième année qui suivra son élection. — Le président est nommé au scrutin secret et à la majorité absolue des votants, par le suffrage direct de tous les électeurs des départements français et de l'Algérie.

47. Les procès-verbaux des opérations électorales seront transmis immédiatement à l'Assemblée nationale, qui statue sans délai sur la validité de l'élection, et proclame le président de la République. — Si aucun candidat n'a obtenu plus de la moitié des suffrages exprimés, et au moins deux millions de voix, ou si les conditions exigées par l'article 44 ne sont pas remplies, l'Assemblée nationale élit le président de la République à la majorité absolue et au scrutin secret, parmi les cinq candidats éligibles qui ont obtenu le plus de voix.

48. Avant d'entrer en fonctions, le président de la République prête, au sein de l'Assemblée nationale, le serment dont la teneur suit : — « En présence de Dieu et devant le Peuple français représenté par l'Assemblée nationale, je jure de rester fidèle à la République démocratique, une et indivisible, et de remplir tous les devoirs que m'impose la Constitution. »

49. Il a le droit de faire présenter des projets de loi à l'Assemblée nationale par les ministres. — Il surveille et assure l'exécution des lois.

50. Il dispose de la force armée, sans pouvoir jamais la commander en personne.

51. Il ne peut céder aucune portion du territoire, ni dissoudre, ni proroger l'Assemblée nationale, ni suspendre en aucune manière l'empire de la Constitution et des lois.

52. Il présente chaque année, par un message à l'Assemblée nationale, l'exposé de l'état général des affaires de la République.

53. Il négocie et ratifie les traités. — Aucun traité n'est définitif qu'après avoir été approuvé par l'Assemblée nationale.

54. Il veille à la défense de l'État, mais il ne peut entreprendre aucune guerre sans le consentement de l'Assemblée nationale.

55. Il a le droit de faire grâce ; mais il ne peut exercer ce droit qu'après avoir pris l'avis du conseil d'État. — Les amnisties ne peuvent être accordées que par une loi. — Le président de la République, les ministres, ainsi que toutes autres personnes condamnées par la haute cour de justice, ne peuvent être graciés que par l'Assemblée nationale.

56. Le président de la République promulgue les lois au nom du Peuple français.

57. Les lois d'urgence sont promulguées dans le délai de trois jours, et les autres lois dans le délai d'un mois, à partir du jour où elles auront été adoptées par l'Assemblée nationale.

58. Dans le délai fixé pour la promulgation, le président de la République peut, par un message motivé, demander une nouvelle délibération. — L'Assemblée délibère; sa résolution devient définitive; elle est transmise au président de la République. — En ce cas, la promulgation a lieu dans le délai fixé pour les lois d'urgence.

59. A défaut de promulgation par le président de la République, dans les délais déterminés par les articles précédents, il y serait pourvu par le président de l'Assemblée nationale.

60. Les envoyés et les ambassadeurs des puissances étrangères sont accrédités auprès du président de la République.

61. Il préside aux solennités nationales.

62. Il est logé aux frais de la République, et reçoit un traitement de six cent mille francs par an.

63. Il réside au lieu où siége l'Assemblée nationale; et ne peut sortir du territoire continental de la République, sans y être autorisé par une loi.

64. Le président de la République nomme et révoque les ministres. — Il nomme et révoque, en conseil des ministres, les agents diplomatiques, les commandants en chef des armées de terre et de mer, les préfets, le commandant supérieur des gardes nationales de la Seine, les gouverneurs de l'Algérie et des colonies, les procureurs généraux et autres fonctionnaires d'un ordre supérieur. — Il nomme et révoque, sur la proposition du ministre compétent, dans les conditions réglementaires déterminées par la loi, les agents secondaires du gouvernement.

65. Il a le droit de suspendre, pour un terme qui ne pourra excéder trois mois, les agents du pouvoir exécutif élus par les citoyens. — Il ne peut les révoquer que de l'avis du conseil d'État. — La loi détermine les cas où les agents révoqués peuvent être déclarés inéligibles aux mêmes fonctions. — Cette déclaration d'inéligibilité ne pourra être prononcée que par un jugement.

66. Le nombre des ministres et leurs attributions sont fixés par le pouvoir législatif.

67. Les actes du président de la République, autres que ceux par lesquels il nomme et révoque les ministres, n'ont d'effet que s'ils sont contre-signés par un ministre.

68. Le président de la République, les ministres, les agents et dépositaires de l'autorité publique, sont responsables, chacun en ce qui le concerne, de tous les actes du gouvernement et de l'administration. — Toute mesure par laquelle le président de la République dissout l'Assemblée nationale, la proroge, ou met obstacle à l'exercice de son mandat, est un crime de haute trahison. — Par ce seul fait, le président est déchu de ses fonctions; les citoyens sont tenus de lui refuser obéissance; le pouvoir exécutif passe de plein droit à l'Assemblée nationale; les juges de la haute cour de justice se réunissent immédiatement, à peine de forfaiture; ils convoquent les jurés dans le lieu qu'ils désignent pour procéder au jugement du président et de ses complices; ils nomment eux-mêmes les magistrats chargés de remplir les fonctions du ministère public. — Une loi déterminera les autres cas de responsabilité, ainsi que les formes et les conditions de la poursuite.

69. Les ministres ont entrée dans le sein de l'Assemblée nationale; ils sont entendus toutes les fois qu'ils le demandent, et peuvent se faire assister par des commissaires nommés par un décret du président de la République.

70. Il y a un vice-président de la République nommé par l'Assemblée nationale sur la présentation de trois candidats faite par le président dans le mois qui suit son élection. — Le vice-président prête le même serment que le président. — Le vice-président ne pourra être choisi parmi les parents et alliés du président jusqu'au sixième degré inclusivement. — En cas d'empêchement du président, le vice-président le remplace. — Si la présidence devient vacante par décès, démission du président, ou autrement, il est procédé, dans le mois, à l'élection d'un président.

CHAP. VI. — Du Conseil d'État.

71. Il y aura un conseil d'État, dont le vice-président de la République sera de droit président.

72. Les membres de ce conseil sont nommés pour six ans par l'Assemblée nationale. Ils sont renouvelés par moitié dans les deux premiers mois de chaque législature au scrutin secret et à la majorité absolue. — Ils sont indéfiniment rééligibles.

73. Ceux des membres du conseil d'État qui auront été pris dans le sein de l'Assemblée nationale, seront immédiatement remplacés comme représentants du peuple.

74. Les membres du conseil d'État ne peuvent être révoqués que par l'Assemblée et sur la proposition du président de la République.

75. Le conseil d'État est consulté sur les projets de loi du gouvernement qui, d'après la loi, devront être soumis à son examen préalable, et sur les projets d'initiative parlementaire que l'Assemblée lui aura renvoyés. — Il prépare les règlements d'administration publique, il fait seul ceux de ces règlements à l'égard desquels l'Assemblée nationale lui a donné une délégation spéciale. — Il exerce, à l'égard des administrations publiques, tous les pouvoirs de contrôle et de surveillance qui lui sont déférés par la loi. — La loi réglera ses autres attributions.

CHAP. VII. — De l'Administration intérieure.

76. La division du territoire en départements, arrondissements, cantons et communes, est maintenue. Les circonscriptions actuelles ne pourront être changées que par la loi.

77. Il y a, 1° dans chaque département, une administration composée d'un préfet, d'un conseil général, d'un conseil de préfecture; 2° dans chaque arrondissement, un sous-préfet; 3° dans chaque canton, un conseil cantonal, néanmoins un seul conseil cantonal sera établi dans les villes divisées en plusieurs cantons; 4° dans chaque commune, une administration composée d'un maire, d'adjoints et d'un conseil municipal.

78. Une loi déterminera la composition et les attributions des conseils généraux, des conseils cantonaux, des conseils municipaux, et le mode de nomination des maires et des adjoints.

79. Les conseils généraux et les conseils municipaux sont élus par le suffrage direct de tous les citoyens domiciliés dans le département ou dans la commune. Chaque canton élit un membre du conseil général. — Une loi spéciale réglera le mode d'élection dans le département de la Seine, dans la ville de Paris et dans les villes de plus de vingt mille âmes.

80. Les conseils généraux, les conseils cantonaux et les conseils municipaux peuvent être dissous par le président de la République, de l'avis du Conseil d'État. La loi fixera le délai dans lequel il sera procédé à la réélection.

CHAP. VIII. — Du Pouvoir judiciaire.

81. La justice est rendue gratuitement au nom du peuple français. — Les débats sont publics, à moins que la publicité ne soit dangereuse pour l'ordre ou les mœurs; et, dans ce cas, le tribunal le déclare par un jugement.

82. Le jury continuera d'être appliqué en matière criminelle.

83. La connaissance de tous les délits politiques et de tous les délits commis par la voie de la presse appartiennent exclusivement au jury. — Les lois organiques détermineront la compétence en matière d'injure et de diffamation contre les particuliers.

84, Le jury statue seul sur les dommages-intérêts réclamés pour faits ou délits de presse.

85. Les juges de paix et leurs suppléants, les juges de première instance et d'appel, les membres de la cour de cassation et de la cour des comptes, sont nommés par le président de la République, d'après un ordre de candidature ou d'après des conditions qui seront réglées par les lois organiques.

86. Les magistrats du ministère public sont nommés par le président de la République.

87. Les juges de première instance et d'appel, les membres de la cour de cassation et de la cour des comptes, sont nommés à vie. — Ils ne peuvent être révoqués ou suspendus que par un jugement, ni mis à la retraite que pour les causes et dans les formes déterminées par les lois.

88. Les conseils de guerre et de révision des armées de terre et de mer, les tribunaux maritimes, les tribunaux de commerce, les prud'hommes et autres tribunaux spéciaux, conservent leur organisation et leurs attributions actuelles, jusqu'à ce qu'il y ait été dérogé par une loi.

89. Les conflits d'attributions entre l'autorité administrative et l'autorité judiciaire seront réglés par un tribunal spécial de membres de la cour de cassation et de conseillers d'État, désignés en nombre égal par leurs corps respectifs. — Ce tribunal sera présidé par le ministre de la justice.

90. Les recours pour incompétence et excès de pouvoirs contre les arrêts de la cour des comptes seront portés devant la juridiction des conflits.

91. Une haute cour de justice juge, sans appel ni recours en cassation, les accusations por-

tées par l'Assemblée nationale contre le président de la République ou les ministres. — Elle juge également toutes personnes prévenues de crimes, attentats ou complots contre la sûreté intérieure ou extérieure de l'État, que l'Assemblée nationale aura renvoyées devant elle. — Sauf le cas prévu par l'article 68, elle ne peut être saisie qu'en vertu d'un décret de l'Assemblée nationale, qui désigne la ville où la cour tiendra ses séances.

92. La haute cour est composée de cinq juges et de trente-six jurés. — Chaque année, dans dans les quinze premiers jours du mois de novembre, la cour de cassation nomme parmi ses membres, au scrutin secret, et à la majorité absolue, les juges de la haute cour au nombre de cinq et deux suppléants. Les cinq juges appelés à siéger feront choix de leur président. — Les magistrats remplissant les fonctions du ministère public sont désignés par le président de la République, et, en cas d'accusation du président ou des ministres, par l'Assemblée nationale. — Les jurés, au nombre de trente-six, et quatre jurés suppléants. sont pris parmi les membres des conseils généraux des départements. — Les représentants du peuple n'en peuvent faire partie.

93. Lorsqu'un décret de l'Assemblée nationale a ordonné la formation de la haute cour de justice, et dans le cas prévu par l'article 68, sur la réquisition du président ou de l'un des juges, le président de la cour d'appel, et, à défaut de la cour d'appel, le président du tribunal de première instance du chef-lieu judiciaire du département, tire au sort, en audience publique, le nom d'un membre du conseil général.

94. Au jour indiqué pour le jugement, s'il y a moins de soixante jurés présents, ce nombre sera complété par des jurés supplémentaires tirés au sort par le président de la haute cour, parmi les membres du conseil général du département ou siégera la cour.

95. Les jurés qui n'auront pas produit d'excuse valable seront condamnés à une amende de mille à dix mille francs, et à la privation des droits politiques pendant cinq ans au plus.

96. L'accusé et le ministère public exercent le droit de récusation, comme en matière ordinaire.

97. La déclaration du jury, portant que l'accusé est coupable, ne peut être rendue qu'à la majorité des deux tiers des voix.

98. Dans tous les cas de responsabilité des ministres, l'Assemblée nationale peut, selon les circonstances, renvoyer le ministre inculpé, soit devant la haute cour de justice, soit devant les tribunaux ordinaires, pour les réparations civiles.

99. L'Assemblée nationale et le président de la République peuvent, dans tous les cas, déférer l'examen des actes de tout fonctionnaire autre que le président de la République, au conseil d'État, dont le rapport est rendu public.

100. Le président de la République n'est justiciable que de la haute cour de justice; il ne peut, à l'exception du cas prévu par l'article 68, être poursuivi que sur l'accusation portée par l'Assemblée nationale, pour crimes et délits qui seront déterminés par la loi.

CHAP. IX. — De la Force publique.

101. La force publique est instituée pour défendre l'État contre les ennemis du dehors, et pour assurer au dedans le maintien de l'ordre et l'exécution des lois. — Elle se compose de la garde nationale et de l'armée de terre et de mer.

102. Tout Français, sauf les exceptions fixées par la loi, doit le service militaire et celui de la garde nationale. — La faculté pour chaque citoyen de se libérer du service militaire personnel sera réglée par la loi du recrutement.

103. L'organisation de la garde nationale et la constitution de l'armée seront réglées par la loi.

104. La force publique est essentiellement obéissante. — Nul corps armé ne peut délibérer.

105. La force publique, employée pour maintenir l'ordre à l'intérieur, n'agit que sur la réquisition des autorités constituées, suivant les règles déterminées par le pouvoir législatif.

106. Une loi déterminera les cas dans lesquels l'état de siége pourra être déclaré, et réglera les formes et les effets de cette mesure.

107. Aucune troupe étrangère ne peut être introduite sur le territoire français sans le consentement préalable de l'Assemblée nationale.

CHAP. X. — Dispositions particulières.

108. La Légion-d'honneur est maintenue ; ses statuts seront révisés et mis en harmonie avec la Constitution.

109. Le territoire de l'Algérie et des colonies est déclaré territoire français et sera régi par des lois particulières, jusqu'à ce qu'une loi spéciale le place sous le régime de la présente Constitution.

110. L'Assemblée nationale confie le dépôt de la présente Constitution et des droits qu'elle consacre à la garde et au patriotisme de tous les Français.

CHAP. XI. — De la Révision de la Constitution.

111. Lorsque, dans la dernière année d'une législature, l'Assemblée nationale aura émis le vœu que la Constitution soit modifiée en tout ou en partie, il sera procédé à cette révision de la manière suivante : — Le vœu exprimé par l'Assemblée ne sera converti en résolution définitive qu'après trois délibérations consécutives, prises chacune à un mois d'intervalle et aux trois quarts des suffrages exprimés. Le nombre des votants devra être de cinq cents au moins. — L'Assemblée de révision ne sera nommée que pour trois mois. — Elle ne devra s'occuper que de la révision pour laquelle elle aura été convoquée. — Néanmoins elle pourra, en cas d'urgence, pourvoir aux nécessités législatives.

CHAP. XII. — Dispositions transitoires.

112. Les dispositions des codes, lois et règlements existants qui ne sont pas contraires à la présente Constitution, restent en vigueur jusqu'à ce qu'il y soit légalement dérogé.

113. Toutes les autorités constituées par les lois actuelles demeurent en exercice jusqu'à la promulgation des lois organiques qui les concernent.

114. La loi d'organisation judiciaire déterminera le mode spécial de nomination pour la première composition des nouveaux tribunaux.

115. Après le vote de la Constitution, il sera procédé, par l'Assemblée nationale constituante, à la rédaction des lois organiques, dont l'énumération sera déterminée par une loi spéciale.

116. Il sera procédé à la première élection du président de la République conformément à la loi spéciale rendue par l'Assemblée nationale le 28 octobre 1848.

Paris — Imp. Maulde et Renou, rue Bailleul, 9-11. 5184

SUPPLÉMENT AU DICTIONNAIRE

DES

LOIS PÉNALES.

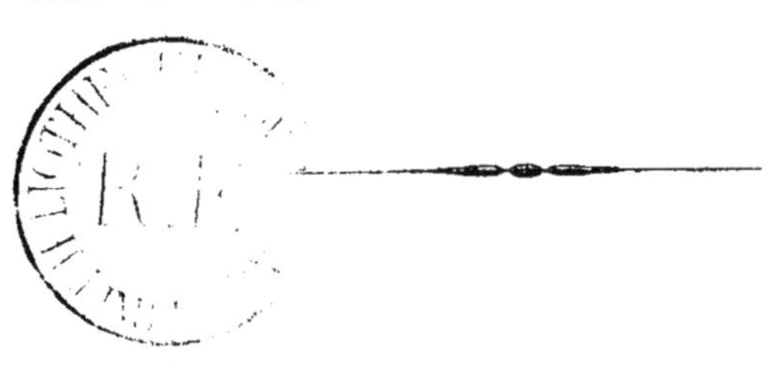

25 *avril* 1844. — LOI *sur les patentes* (1).

. . . .

27. Tout patentable est tenu d'exhiber sa patente, lorsqu'il en est requis par les maires, adjoints, juges de paix, et tous autres officiers ou agents de police judiciaire.

28. Les marchandises mises en vente par les individus non munis de patentes, et vendant hors de leur domicile, seront saisies et séquestrées aux frais du vendeur, à moins qu'il ne donne caution suffisante jusqu'à la représentation de la patente ou la production de la preuve que la patente a été délivrée. Si l'individu non muni de patente exerce au lieu de son domicile, il sera dressé un procès-verbal qui sera transmis immédiatement aux agents des contributions directes.

29. Nul ne pourra former de demande, fournir aucune exception ou défense en justice, ni faire aucun acte ou signification extrajudiciaire pour tout ce qui sera relatif à son commerce, sa profession ou son industrie, sans qu'il soit fait mention, en tête des actes, de sa patente, avec désignation de la date, du numéro et de la commune où elle aura été délivrée, à peine d'une amende de vingt-cinq francs, tant contre les particuliers sujets à la patente, que contre les officiers ministériels qui auraient fait et reçu lesdits actes sans mention de la patente. La condamnation à cette amende sera poursuivie à la requête du procureur du roi, devant le tribunal de l'arrondissement. — Le rapport de la patente ne pourra suppléer au défaut de l'énonciation, ni dispenser de l'amende prononcée.

30. Les agents des contributions directes peuvent, sur la demande qui leur en est faite, délivrer des patentes avant l'émission du rôle, après toutefois que les requérants ont acquitté, entre les mains du percepteur, les douzièmes échus, s'il s'agit d'individus domiciliés dans le ressort de la perception, ou la totalité des droits, s'il s'agit des patentables désignés en l'art. 24, ou d'individus étrangers au ressort de la perception.

(1) V. *Patentes.*

31. Le patenté qui aura égaré sa patente ou qui sera dans le cas d'en justifier hors de son domicile, pourra se faire délivrer un certificat par le directeur ou par le contrôleur des contributions directes. Ce certificat fera mention des motifs qui obligent le patenté à le réclamer, et devra être sur papier timbré.

3 *mai* 1844. — LOI *sur la police de la chasse* (1).

Section 1re. — De l'exercice du droit de chasse.

Art. 1. Nul ne pourra chasser, sauf les exceptions ci-après, si la chasse n'est pas ouverte, et s'il ne lui a pas été délivré un permis de chasse par l'autorité compétente. — Nul n'aura la faculté de chasser sur la propriété d'autrui sans le consentement du propriétaire ou de ses ayant-droit.

2. Le propriétaire ou possesseur peut chasser ou faire chasser en tout temps, sans permis de chasse, dans ses possessions attenant à une habitation et entourées d'une clôture continue faisant obstacle à toute communication avec les héritages voisins.

3. Les préfets détermineront, par des arrêtés publiés au moins dix jours à l'avance, l'époque de l'ouverture et celle de la clôture de la chasse, dans chaque département.

4. Dans chaque département il est interdit de mettre en vente, de vendre, d'acheter, de transporter et de colporter du gibier pendant le temps où la chasse n'y est pas permise. — En cas d'infraction à cette disposition, le gibier sera saisi, et immédiatement livré à l'établissement de bienfaisance le plus voisin, en vertu soit d'une ordonnance du juge de paix, si la saisie a eu lieu au chef-lieu de canton, soit d'une autorisation du maire, si le juge de paix est absent, ou si la saisie a été faite dans une commune autre que celle du chef-lieu. Cette ordonnance ou cette autorisation sera délivrée sur la requête des agents ou gardes qui auront opéré la saisie, et sur la présentation du procès-verbal régulièrement dressé. — La recherche du gibier ne pourra être faite à domicile que chez les aubergistes, chez les marchands de comestibles et dans les lieux ouverts au public. — Il est interdit de prendre ou de détruire, sur le terrain d'autrui, des œufs et des couvées de faisans, de perdrix et de cailles.

5. Les permis de chasse seront délivrés, sur l'avis du maire et du sous-préfet, par le préfet du département dans lequel celui qui en fera la demande aura sa résidence ou son domicile. — La délivrance des permis de chasse donnera lieu au paiement d'un droit de quinze francs (15 fr.) au profit de l'État, et de dix francs (10 fr.) au profit de la commune dont le maire aura donné l'avis énoncé au paragraphe précédent. — Les permis de chasse seront personnels; ils seront valables pour tout le royaume, et pour un an seulement.

6. Le préfet pourra refuser le permis de chasse : — 1° A tout individu majeur qui ne sera point personnellement inscrit, ou dont le père ou la mère ne serait pas inscrit au rôle des contributions; — 2° A tout individu qui, par une condamnation judiciaire, a été privé de l'un ou de plusieurs des droits énumérés dans l'art. 42 du Code pénal, autres que le droit de port d'armes; — 3° A tout condamné à un emprisonnement de plus de six mois pour rébellion ou violence envers les agents de l'autorité publique; — 4° A tout condamné pour délit d'association illicite, de fabrication, débit, distribution de poudre, armes ou autres munitions de guerre; de menaces écrites ou de menaces verbales avec ordre ou sous condition; d'entraves à la circulation des grains; de dévastations d'arbres ou de récoltes sur pied, de plants venus naturellement ou faits de main d'homme; — 5° A ceux qui auront été condamnés pour vagabondage, men-

(1) V. *Chasse*.

dicité, vol, escroquerie, abus de confiance. — La faculté de refuser le permis de chasse aux condamnés dont il est question dans les paragraphes 3, 4 et 5, cessera cinq ans après l'expiration de la peine.

7. Le permis de chasse ne sera pas délivré : — 1° Aux mineurs qui n'auront pas seize ans accomplis ; — 2° Aux mineurs de seize à vingt et un ans, à moins que le permis ne soit demandé pour eux par leur père, mère, tuteur ou curateur, porté au rôle des contributions ; — 3° Aux interdits ; — 4° Aux gardes champêtres ou forestiers des communes et établissements publics, ainsi qu'aux gardes forestiers de l'Etat et aux gardes-pêche ;

8. Le permis de chasse ne sera pas accordé : — 1° A ceux qui, par suite de condamnations, sont privées du droit de port d'armes ; — 2° A ceux qui n'auront pas exécuté les condamnations prononcées contre eux pour l'un des délits prévus par la présente loi ; — 3° A tout condamné sous la surveillance de la haute police.

9. Dans le temps où la chasse est ouverte, le permis donne, à celui qui l'a obtenu, le droit de chasser de jour, à tir et à courre, sur ses propres terres, et les terres d'autrui avec le consentement de celui à qui le droit de chasse appartient. — Tous autres moyens de chasse, à l'exception des furets et des bourses destinées à prendre le lapin, sont formellement prohibés. — Néanmoins les préfets des départements, sur l'avis des conseils généraux, prendront des arrêtés pour déterminer : — 1° L'époque de la chasse des oiseaux de passage, autres que la caille, et les modes et procédés de cette chasse ; — 2° Le temps pendant lequel il sera permis de chasser le gibier d'eau, dans les marais, sur les étangs, fleuves ou rivières ; — Les animaux malfaisants ou nuisibles que le propriétaire, possesseur ou fermier, pourra en tous temps détruire sur ses terres, et les conditions de l'exercice de ce droit, sans préjudice du droit appartenant au propriétaire ou fermier de repousser ou de détruire, même avec des armes à feu, les bêtes fauves qui porteraient dommage à ses propriétés. — Ils pourront prendre également des arrêtés, — 1° Pour prévenir la destruction des oiseaux ; — 2° Pour autoriser l'emploi des chiens levriers pour la destruction des animaux malfaisants ou nuisibles ; — 3° Pour interdire la chasse pendant les temps de neige.

10. Des ordonnances royales détermineront la gratification qui sera accordée aux gardes et gendarmes rédacteurs des procès-verbaux ayant pour objet de constater les délits.

Section II. — Des peines.

11. Seront punis d'une amende de seize à cent francs, — 1° Ceux qui auraient chassé sans permis de chasse ; — 2° Ceux qui auront chassé sur le terrain d'autrui sans le consentement du propriétaire. — L'amende pourra être portée au double si le délit a été commis sur des terres non dépouillées de leurs fruits ou s'il a été commis sur un terrain entouré d'une clôture continue faisant obstacle à toute communication avec les héritages voisins, mais non attenant à une habitation. — Pourra ne pas être considéré comme délit de chasse le fait du passage des chiens courants sur l'héritage d'autrui, lorsque ces chiens seront à la suite d'un gibier lancé sur la propriété de leurs maîtres, sauf l'action civile, s'il y a lieu, en cas de dommage ; — 3° Ceux qui auront contrevenu aux arrêtés des préfets concernant les oiseaux de passage, le gibier d'eau, la chasse en temps de neige, l'emploi des chiens lévriers, ou aux arrêtés concernant la destruction des oiseaux et celle des animaux nuisibles ou malfaisants ; — 4° Ceux qui auront pris ou détruit, sur le terrain d'autrui, des œufs ou couvées de faisans, de perdrix ou de cailles ; 5° Les fermiers de la chasse, soit dans les bois soumis au régime forestier, soit sur

les propriétés dont la chasse est louée au profit des communes ou établissements publics, qui auront contrevenu aux clauses et conditions de leurs cahiers de charges relatives à la chasse.

12. Seront punis d'une amende de cinquante à deux cents francs, et pourront en outre l'être d'un emprisonnement de six jours à deux mois. 1° Ceux qui auront chassé en temps prohibé; — 2° Ceux qui auront chassé pendant la nuit ou à l'aide d'engins et instruments prohibés, ou par d'autres moyens que ceux qui sont autorisés par l'article 9; — 3° Ceux qui seront détenteurs ou ceux qui seront trouvés munis ou porteurs, hors de leur domicile, de filets, engins ou autres instruments de chasse prohibés; — 4° Ceux qui, en temps où la chasse est prohibée, auront mis en vente, vendu, acheté, transporté ou colporté du gibier; — 5° Ceux qui auront employé des drogues ou appâts qui sont de nature à enivrer le gibier ou à le détruire; — 6° Ceux qui auront chassé aux appeaux, appelants ou chanterelles. — Les peines déterminées par le présent article pourront être portées au double contre ceux qui auront chassé pendant la nuit sur le terrain d'autrui et par l'un des moyens spécifiés au paragraphe 2, si les chasseurs étaient munis d'une arme apparente ou cachée. — Les peines déterminées par l'art. 11 et par le présent article seront toujours portées au maximum lorsque les délits auront été commis par les gardes champêtres ou forestiers des communes, ainsi que par les gardes forestiers de l'Etat et des établissements publics.

13. Celui qui aura chassé sur le terrain d'autrui sans son consentement, si ce terrain est attenant à une maison habitée ou servant à l'habitation, et s'il est entouré d'une clôture continue faisant obstacle à toute communication avec les héritages voisins, sera puni d'une amende de cinquante à trois cents francs, et pourra l'être d'un emprisonnement de six jours à trois mois. — Si le délit a été commis pendant la nuit, le délinquant sera puni d'une amende de cent francs à mille francs, et pourra l'être d'un emprisonnement de trois mois à deux ans, sans préjudice, dans l'un et l'autre cas, s'il y a lieu, de plus fortes peines prononcées par le Code pénal.

14. Les peines déterminées par les trois articles qui précèdent pourront être portées au double si le délinquant était en état de récidive, s'il était déguisé ou masqué, s'il a pris un faux nom, s'il a usé de violence envers les personnes, ou s'il a fait des menaces, sans préjudice, s'il y a lieu, de plus fortes peines prononcées par la loi. — Lorsqu'il y aura récidive, dans les cas prévus en l'art. 11, la peine de l'emprisonnement de six jours à trois mois pourra être appliquée si le délinquant n'a pas satisfait aux condamnations précédentes.

15. Il y a récidive lorsque, dans les douze mois qui ont précédé l'infraction, le délinquant a été condamné en vertu de la présente loi.

16. Tout jugement de condamnation prononcera la confiscation des filets, engins et autres instruments de chasse. Il prononcera également la confiscation des armes, excepté dans le cas où le délit aura été commis par un individu muni d'un permis de chasse, dans le temps où la chasse est autorisée. — Si les armes, filets, engins ou autres instruments de chasse n'ont pas été saisis, le délinquant sera condamné à les représenter ou à en payer la valeur, suivant la fixation qui en sera faite par le jugement, sans qu'elle puisse être au dessous de cinquante francs. — Les armes, engins ou autres instruments de chasse, abandonnés par les délinquants restés inconnus, seront saisis et déposés au greffe du tribunal compétent. La confiscation, et s'il y a lieu, la destruction. en seront ordonnées sur le vu du procès verbal. — Dans tous les cas, la quotité des dommages-intérêts est laissée à l'appréciation des tribunaux.

17. En cas de conviction de plusieurs délits prévus par la présente loi, par le Code

pénal ordinaire ou par les lois spéciales, la peine la plus forte sera seule prononcée.— Les peines encourues pour des faits postérieurs à la déclaration du procès-verbal de contravention pourront être cumulées, s'il y a lieu, sans préjudice des peines de la récidive.

18. En cas de condamnation pour délits prévus par la présente loi, les tribunaux pourront priver le délinquant du droit d'obtenir un permis de chasse pour un temps qui n'excédera pas cinq ans.

19. La gratification mentionnée en l'art. 10 sera prélevée sur le produit des amendes. — Le surplus desdites amendes sera attribué aux communes sur le territoire desquelles les infractions auront été commises.

20. L'art. 463 du Code pénal ne sera pas applicable aux délits prévus par la présente loi.

Section III. — De la poursuite et du jugement.

21. Les délits prévus par la présente loi seront prouvés, soit par procès-verbaux ou rapports, soit par témoins à défaut de rapports et procès-verbaux, ou à leur appui.

22. Les procès-verbaux des maires et adjoints, commissaires de police, officier, maréchal-des-logis ou brigadier de gendarmerie, gendarmes, gardes-forestiers, gardes-pêche gardes champêtres ou gardes assermentés des particuliers, feront foi jusqu'à preuve contraire.

23 Les procès-verbaux des employés des contributions indirectes et des octrois feront également foi jusqu'à preuve contraire, lorsque, dans la limite de leurs attributions respectives, ces agents rechercheront et constateront les délits prévus par le § 1er de l'art. 4.

24. Dans les vingt-quatre heures du délit, les procès-verbaux des gardes seront, à peine de nullité, affirmés par les rédacteurs devant le juge de paix ou l'un de ses suppléants, ou devant le maire ou l'adjoint, soit de la commune de leur résidence, soit de celle où le délit aura été commis.

25. Les délinquants ne pourront être saisis ni désarmés; néanmoins, s'ils sont déguisés ou masqués, s'ils refusent de faire connaître leurs noms, ou s'ils n'ont pas de domicile connu, ils seront conduits immédiatement devant le maire ou le juge de paix, lequel s'assurera de leur individualité.

26. Tous les délits prévus par la présente loi seront poursuivis d'office par le ministère public, sans préjudice du droit conféré aux parties lésées par l'art. 182 du Code d'instruction criminelle. — Néanmoins, dans le cas de chasse sur le terrain d'autrui sans le consentement du propriétaire, la poursuite d'office ne pourra être exercée par le ministère public, sans une plainte de la partie intéressée, qu'autant que le délit aura été commis dans un terrain clos, suivant les termes de l'art. 2, et attenant à une habitation, ou sur des terres non encore dépouillées de leurs fruits.

27. Ceux qui auront commis conjointement les délits de chasse seront condamnés solidairement aux amendes, dommages-intérêts et frais.

28. Le père, la mère, le tuteur, les maîtres et commettants, sont civilement responsables des délits de chasse commis par leurs enfants mineurs non mariés, pupilles demeurant avec eux, domestiques ou préposés, sauf tout recours de droit. — Cette responsabilité sera réglée conformément à l'art. 1384 du Code civil, et ne s'appliquera qu'aux dommages-intérêts et frais, sans pouvoir toutefois donner lieu à la contrainte par corps.

29. Toute action relative aux délits prévus par la présente loi sera prescrite par le laps de trois mois, à compter du jour du délit.

Section IV. — Dispositions générales.

30. Les dispositions de la présente loi, relatives à l'exercice du droit de chasse, ne sont pas applicables aux propriétés de la couronne. Ceux qui commettraient des délits de chasse dans ces propriétés seront poursuivis et punis conformément aux sections 2 et 3.

31. Le décret du 4 mai 1812 et la loi du 3 avril 1790 sont abrogés. — Sont et demeurent également abrogés les lois, arrêtés, décrets et ordonnances intervenus sur les matières réglées par la présente loi, en tout ce qui est contraire à ses dispositions.

5 *juillet* 1844. — LOI *sur les Brevets d'invention.*

Titre Ier. — Dispositions générales.

ART. 1. Toute nouvelle découverte ou invention dans tous les genres d'industrie confère à son auteur, sous les conditions et pour le temps ci-après déterminés, le droit exclusif d'exploiter à son profit ladite découverte ou invention. — Ce droit est constaté par des titres délivrés par le gouvernement, sous le nom de *brevets d'invention.*

2. Seront considérées comme inventions ou découvertes nouvelles, — l'invention de nouveaux produits industriels, — l'invention de nouveaux moyens ou l'application nouvelle de moyens connus, pour l'obtention d'un résultat ou d'un produit industriel.

3. Ne sont pas susceptibles d'être brevetés : — 1° Les compositions pharmaceutiques ou remèdes de toute espèce, lesdits objets demeurant soumis aux lois et règlements spéciaux sur la matière, et notamment au décret du 18 août 1810, relatif aux remèdes secrets (2) ; — 2° Les plans et combinaisons de crédit ou de finance.

4. La durée des brevets sera de cinq, dix ou quinze années. — Chaque brevet donnera lieu au paiement d'une taxe qui est fixée ainsi qu'il suit, savoir : — Cinq cents francs pour un brevet de cinq ans ; — Mille francs pour un brevet de dix ans ; — Quinze cents francs pour un brevet de quinze ans. — Cette taxe sera payée par annuités de cent francs, sous peine de déchéance, si le breveté laisse écouler un terme sans l'acquitter.

Titre II. — Des formalités relatives à la délivrance des brevets.

Section Ire. — Des demandes de brevets.

5. Quiconque voudra prendre un brevet d'invention devra déposer, sous cachet, au secrétariat de la préfecture, dans le département où il est domicilié, ou dans tout autre département en y élisant domicile : — 1° Sa demande au ministre de l'agriculture et du commerce ; — 2° Une description de la découverte, invention ou application faisant l'objet du brevet demandé ; — 3° Les dessins ou échantillons qui seraient nécessaires pour l'intelligence de la description ; — Et 4° un bordereau des pièces déposées.

6. La demande sera limitée à un seul objet principal, avec les objets de détail qui le constituent, et les applications qui auront été indiquées. — Elle mentionnera la durée

---

(1) V. *Brevets d'invention.*

(2) V. *Police médicale.*

que les demandeurs entendent assigner à leur brevet dans les limites fixées par l'art. 4, et ne contiendra ni restrictions, ni conditions, ni réserves. — Elle indiquera un titre renfermant la désignation sommaire et précise de l'objet de l'invention. — La description ne pourra être écrite en langue étrangère. Elle devra être sans altération ni surcharges. Les mots rayés comme nuls seront comptés et constatés, les pages et les renvois paraphés. Elle ne devra contenir aucune dénomination de poids ou de mesures autre que celles qui sont portées au tableau annexé à la loi du 4 juillet 1837 (1). — Les dessins seront tracés à l'encre et d'après une échelle métrique. — Un duplicata de la description et des dessins sera joint à la demande. — Toutes les pièces seront signées par le demandeur ou par un mandataire dont le pouvoir restera annexé à la demande.

7. Aucun dépôt ne sera reçu que sur la production d'un récépissé constatant le versement d'une somme de 100 fr. à valoir sur le montant de la taxe du brevet. — Un procès-verbal sera dressé sans frais par le secrétaire général de la préfecture, sur un registre à ce destiné, et signé par le demandeur, constatant chaque dépôt, et énonçant le jour et l'heure de la remise des pièces. — Une expédition dudit procès-verbal sera remise au déposant, moyennant le remboursement des frais de timbre.

8. La durée du brevet courra du jour du dépôt prescrit par l'art. 5.

Section II. — De la délivrance des brevets.

9. Aussitôt après l'enregistrement des demandes, et dans les cinq jours de la date du dépôt, les préfets transmettront les pièces, sous le cachet de l'inventeur, au ministre de l'agriculture et du commerce, en y joignant une copie certifiée du procès-verbal de dépôt, le récépissé constatant le versement de la taxe, et s'il y a lieu, le pouvoir mentionné dans l'art. 6.

10. A l'arrivée des pièces au ministère de l'agriculture et du commerce, il sera procédé à l'ouverture, à l'enregistrement des demandes et à l'expédition des brevets, dans l'ordre de la réception desdites demandes.

11. Les brevets dont la demande aura été régulièrement formée, seront délivrés, sans examen préalable, aux risques et périls des demandeurs, et sans garantie, soit de la réalité de la nouveauté ou du mérite de l'invention, soit de la fidélité ou de l'exactitude de la description. — Un arrêté du ministre, constatant la régularité de la demande, sera délivré au demandeur, et constituera le brevet d'invention. — A cet arrêté sera joint le duplicata certifié de la description et des dessins, mentionné dans l'art. 6, après que la conformité avec l'expédition originale en aura été reconnue et établie au besoin. — La première expédition des brevets sera délivrée sans frais. — Toute expédition ultérieure, demandée par le breveté ou ses ayants-cause, donnera lieu au paiement d'une taxe de vingt-cinq francs. — Les frais de dessin, s'il y a lieu, demeureront à la charge de l'impétrant.

12. Toute demande dans laquelle n'auraient pas été observées les formalités prescrites par les numeros 2 et 3 de l'art. 5, et par l'art. 6, sera rejetée. La moitié de la somme versée restera acquise au trésor, mais il sera tenu compte de la totalité de cette somme au demandeur, s'il reproduit sa demande dans un délai de trois mois, à compter de la date de la notification du rejet de sa requête.

13. Lorsque, par application de l'art. 3, il n'y aura pas lieu à délivrer un brevet, la taxe sera restituée.

---

(1) V. *Poids et mesures*.

14. Une ordonnance royale, insérée au Bulletin des lois, proclamera, tous les trois mois, les brevets délivrés.

15. La durée des brevets ne pourra être prolongée que par une loi.

Section III. — Des certificats d'addition.

16. Le breveté ou les ayants-droit au brevet auront, pendant toute la durée du brevet, le droit d'apporter à l'invention des changements, perfectionnements ou additions, en remplissant, pour le dépôt de la demande, les formalités déterminées par les art. 5, 6 et 7. — Ces changements, perfectionnements ou additions seront constatés par des certificats délivrés dans la même forme que le brevet principal, et qui produiront, à partir des dates respectives des demandes et de leur expédition, les mêmes effets que ledit brevet principal, avec lequel ils prendront fin. — Chaque demande de certificat d'addition donnera lieu au paiement d'une taxe de vingt fr. — Les certificats d'addition, pris par un des ayants-droit, profiteront à tous les autres.

17. Tout breveté qui, pour un changement, perfectionnement ou addition, voudra prendre un brevet principal de cinq, dix ou quinze années, au lieu d'un certificat d'addition expirant avec le brevet primitif, devra remplir les formalités prescrites par les art. 5, 6 et 7, et acquitter la taxe mentionnée dans l'art. 4.

18. Nul autre que le breveté ou ses ayants-droit, agissant comme il est dit ci-dessus, ne pourra, pendant une année, prendre valablement un brevet pour un changement, perfectionnement ou addition à l'invention qui fait l'objet du brevet primitif. — Néanmoins, toute personne qui voudra prendre un brevet pour changement, addition ou perfectionnement à une découverte déjà brevetée, pourra, dans le cours de ladite année, former une demande qui sera transmise et restera déposée sous cachet, au ministère de l'agriculture et du commerce. — L'année expirée, le cachet sera brisé et le brevet délivré. — Toutefois, le breveté principal aura la préférence pour les changements, perfectionnements et additions pour lesquels il aurait lui-même, pendant l'année, demandé un certificat d'addition ou un brevet.

19. Quiconque aura pris un brevet pour une découverte, invention ou application se rattachant à l'objet d'un autre brevet, n'aura aucun droit d'exploiter l'invention déjà brevetée, et réciproquement le titulaire du brevet primitif ne pourra exploiter l'invention, objet du nouveau brevet.

Section IV. — De la transmission et de la cession des brevets.

20. Tout breveté pourra céder la totalité ou partie de la propriété de son brevet. — La cession totale ou partielle d'un brevet, soit à titre gratuit, soit à titre onéreux, ne pourra être faite que par acte notarié, et après le paiement de la totalité de la taxe déterminée par l'art. 4. — Aucune cession ne sera valable, à l'égard des tiers, qu'après avoir été enregistrée au secrétariat de la préfecture du département dans lequel l'acte aura été passé. — L'enregistrement des cessions et de tous autres actes emportant mutation sera fait sur la production et le dépôt d'un extrait authentique de l'acte de cession ou de mutation. — Une expédition de chaque procès-verbal d'enregistrement, accompagnée de l'extrait de l'acte ci-dessus mentionné, sera transmise, par les préfets, au ministre de l'agriculture et du commerce, dans les cinq jours de la date du procès-verbal.

21. Il sera tenu, au ministère de l'agriculture et du commerce, un registre sur lequel seront inscrites les mutations intervenues sur chaque brevet, et tous les trois

mois, une ordonnance royale proclamera, dans la forme déterminée par l'art. 14, les mutations enregistrées pendant le trimestre expiré.

22. Les cessionnaires d'un brevet, et ceux qui auront acquis d'un breveté ou de ses ayants-droit la faculté d'exploiter la découverte ou l'invention, profiteront, de plein droit, des certificats d'addition qui seront ultérieurement délivrés au breveté ou à ses ayants-droit. Réciproquement, le breveté ou ses ayants-droit profiteront des certificats d'addition qui seront ultérieurement délivrés aux cessionnaires. — Tous ceux qui auront droit de profiter des certificats d'addition pourront en lever une expédition au ministère de l'agriculture et du commerce, moyennant un droit de vingt francs.

Section V. — De la communication et de la publication des descriptions et dessins de brevets.

23. Les descriptions, dessins, échantillons et modèles des brevets délivrés, resteront, jusqu'à l'expiration des brevets, déposés au ministère de l'agriculture et du commerce, où ils seront communiqués, sans frais, à toute réquisition. — Toute personne pourra obtenir, à ses frais, copie desdites descriptions et dessins, suivant les formes qui seront déterminées dans le réglement rendu en exécution de l'art. 50.

24. Après le paiement de la deuxième annuité, les descriptions et dessins seront publiés, soit textuellement, soit par extrait. — Il sera en outre publié, au commencement de chaque année, un catalogue contenant les titres des brevets délivrés dans le courant de l'année précédente.

25. Le recueil des descriptions et dessins et le catalogue publiés en exécution de l'article précédent seront déposés au ministère de l'agriculture et du commerce, et au secrétariat de la préfecture de chaque département, où ils pourront être consultés sans frais.

26. A l'expiration des brevets, les originaux des descriptions et dessins seront déposés au Conservatoire royal des arts et métiers.

Titre III. — Des droits des étrangers.

27. Les étrangers pourront obtenir en France des brevets d'invention.

28. Les formalités et conditions déterminées par la présente loi seront applicables aux brevets demandés ou délivrés en exécution de l'article précédent.

29. L'auteur d'une invention ou découverte déjà brevetée à l'étranger pourra obtenir un brevet en France; mais la durée de ce brevet ne pourra excéder celle des brevets antérieurement pris à l'étranger.

Titre IV. — Des nullités et déchéances et des actions y relatives.

Section Ire. — Des nullités et déchéances.

30. Seront nuls, et de nul effet, les brevets délivrés dans les cas suivants, savoir : — 1° Si la découverte, invention ou application n'est pas nouvelle; — 2° si la découverte, invention ou application n'est pas, aux termes de l'art. 3, susceptible d'être brevetée ; — 3° si les brevets portent sur des principes, méthodes, systèmes, découvertes et conceptions théoriques ou purement scientifiques, dont on n'a pas indiqué les applications industrielles ; — 4° si la découverte, invention ou application est reconnue contraire à l'ordre ou à la sûreté publique, aux bonnes mœurs ou aux lois du royaume, sans préjudice, dans ce cas et dans celui du paragraphe précédent, des peines qui pourraient être encourues pour la fabrication ou le débit d'objets prohibés ; — 5° si le titre sous lequel le brevet a été demandé indique frauduleusement un objet autre que le véritable

objet de l'invention ; — 6° si la description jointe au brevet n'est pas suffisante pour l'exécution de l'invention, ou si elle n'indique pas, d'une manière complète et loyale, les véritables moyens de l'inventeur ; — 7° si le brevet a été obtenu contrairement aux dispositions de l'art. 18. — Seront également nuls, et de nul effet, les certificats comprenant des changements, perfectionnements ou additions qui ne se rattacheraient pas au brevet principal.

31. Ne sera pas réputée nouvelle toute découverte, invention ou application qui, en France ou à l'étranger, et antérieurement à la date du dépôt de la demande, aura reçu une publicité suffisante pour pouvoir être exécutée.

32. Sera déchu de tous ses droits : — 1° le breveté qui n'aura pas acquitté son annuité avant le commencement de chacune des années de la durée de son brevet ; — 2° le breveté qui n'aura pas mis en exploitation sa découverte ou invention en France, dans le délai de deux ans, à dater du jour de la signature du brevet, ou qui aura cessé de l'exploiter pendant deux années consécutives, à moins que, dans l'un ou l'autre cas, il ne justifie des causes de son inaction; — 3° le breveté qui aura introduit en France des objets fabriqués en pays étranger, et semblables à ceux qui sont garantis par son brevet. — Sont exceptés des dispositions du précédent paragraphe, les modèles de machines dont le ministre de l'agriculture et du commerce pourra autoriser l'introduction dans le cas prévu par l'art. 29.

33. Quiconque, dans des enseignes, annonces, prospectus, affiches, marques ou estampilles, prendra la qualité de breveté sans posséder un brevet délivré conformément aux lois, ou après l'expiration d'un brevet antérieur, ou qui, étant breveté, mentionnera sa qualité de breveté ou son brevet sans y ajouter ces mots : *sans garantie du gouvernement*, sera puni d'une amende de cinquante francs à mille francs. En cas de récidive, l'amende pourra être portée au double.

Section II. — Des actions en nullité ou en déchéance.

34. L'action en nullité et l'action en déchéance pourront être exercées par toute personne y ayant intérêt. Ces actions, ainsi que toutes contestations relatives à la propriété des brevets, seront portées devant les tribunaux civils de première instance.

35. Si la demande est dirigée en même temps contre le titulaire du brevet et contre un ou plusieurs cessionnaires partiels, elle sera portée devant le tribunal du domicile du titulaire du brevet.

36. L'affaire sera instruite et jugée dans la forme prescrite pour les matières sommaires, par les art. 405 et suivants du Code de procédure civile. Elle sera communiquée au procureur du roi.

37. Dans toute instance tendant à faire prononcer la nullité ou la déchéance d'un brevet, le ministère public pourra se rendre partie intervenante et prendre des réquisitions pour faire prononcer la nullité ou la déchéance absolue du brevet. — Il pourra même se pourvoir directement par action principale pour faire prononcer la nullité, dans les cas prévus aux nos 2, 4 et 5 de l'art. 30.

38. Dans les cas prévus par l'art. 37, tous les ayants-droit au brevet, et dont les titres auront été enregistrés au ministère de l'agriculture et du commerce, conformément à l'art. 21, devront être mis en cause.

39. Lorsque la nullité ou la déchéance absolue d'un brevet aura été prononcée par jugement ou arrêt ayant acquis force de chose jugée, il en sera donné avis au ministre de l'agriculture et du commerce, et la nullité ou la déchéance sera publiée dans la forme déterminée par l'art. 14 pour la proclamation des brevets.

Titre V. — De la contrefaçon, des poursuites et des peines.

40. Toute atteinte portée aux droits du breveté, soit par la fabrication de produits, soit par l'emploi de moyens faisant l'objet de son brevet, constitue le délit de contrefaçon. — Ce délit sera puni d'une amende de cent francs à deux mille francs.

41. Ceux qui auront sciemment recelé, vendu ou exposé en vente, ou introduit sur le territoire français, un ou plusieurs objets contrefaits, seront punis des mêmes peines que les contrefacteurs.

42. Les peines établies par la présente loi ne pourront être cumulées. — La peine la plus forte sera seule prononcée pour tous les faits antérieurs au premier acte de poursuite.

43. Dans le cas de récidive, il sera prononcé, outre l'amende prononcée aux art. 40 et 41, un emprisonnement d'un mois à six mois. — Il y a récidive lorsqu'il a été rendu contre le prévenu, dans les cinq années antérieures, une première condamnation pour un des délits prévus par la présente loi. — Un emprisonnement d'un mois à six mois pourra aussi être prononcé, si le contrefacteur est un ouvrier ou un employé ayant travaillé dans les ateliers ou dans l'établissement du breveté, ou si le contrefacteur, s'étant associé avec un ouvrier ou un employé du breveté, a eu connaissance, par ce dernier, des procédés décrits au brevet. — Dans ce dernier cas, l'ouvrier ou l'employé pourra être poursuivi comme complice.

44. L'art. 463 du Code pénal pourra être appliqué aux délits prévus par les dispositions qui précèdent.

45. L'action correctionnelle, pour l'application des peines ci-dessus, ne pourra être exercée par le ministère public que sur la plainte de la partie lésée.

46. Le tribunal correctionnel saisi d'une action pour délit de contrefaçon statuera sur les exceptions qui seraient tirées par le prévenu, soit de la nullité ou de la déchéance du brevet, soit des questions relatives à la propriété du brevet.

47. Les propriétaires du brevet pourront, en vertu d'une ordonnance du président du tribunal de première instance, faire procéder, par tous huissiers, à la désignation et description détaillées, avec ou sans saisie, des objets prétendus contrefaits. — L'ordonnance sera rendue sur simple requête, et sur la représentation du brevet; elle contiendra, s'il y a lieu, la nomination d'un expert pour aider l'huissier dans sa description. — Lorsqu'il y aura lieu à la saisie, ladite ordonnance pourra imposer au requérant un cautionnement qu'il sera tenu de consigner avant d'y faire procéder. — Le cautionnement sera toujours imposé à l'étranger breveté qui requerra la saisie. — Il sera laissé copie au détenteur des objets décrits ou saisis, tant de l'ordonnance que de l'acte constatant le dépôt du cautionnement, le cas échéant; le tout à peine de nullité et de dommages-intérêts contre l'huissier.

48. A défaut par le requérant de s'être pourvu, soit par la voie civile, soit par la voie correctionnelle, dans le délai de huitaine, outre un jour par trois myriamètres de distance, entre le lieu où se trouvent les objets saisis ou décrits et le domicile du contrefacteur, recéleur, introducteur ou débitant, la saisie ou description sera nulle de plein droit, sans préjudice des dommages-intérêts qui pourront être réclamés, s'il y a lieu, dans la forme prescrite par l'art. 36.

49. La confiscation des objets reconnus contrefaits, et, le cas échéant, celle des instruments ou ustensiles destinés spécialement à leur fabrication, seront, même en cas d'acquittement, prononcées contre le contrefacteur, le recéleur, l'introducteur ou le débitant. — Les objets confisqués seront remis au propriétaire du brevet, sans préjudice de plus amples dommages-intérêts et de l'affiche du jugement, s'il y a lieu.

Titre VI. — Dispositions particulières et transitoires.

50. Des ordonnances royales, portant réglement d'administration publique, arrêteront les dispositions nécessaires pour l'exécution de la présente loi, qui n'aura effet que trois mois après sa promulgation.

51. Des ordonnances rendues dans la même forme pourront régler l'application de la présente loi dans les colonies, avec les modifications qui seront jugées nécessaires.

52. Seront abrogées, à compter du jour où la présente loi sera devenue exécutoire, les lois des 7 janvier et 25 mai 1791, celle du 20 septembre 1792, l'arrêté du 17 vendémiaire an VII, l'arrêté du 5 vendémiaire an IX, les décrets des 25 novembre 1806 et 25 janvier 1807, et toutes dispositions antérieures à la présente loi, relatives aux brevets d'invention, d'importation et de perfectionnement.

53. Les brevets d'invention, d'importation et de perfectionnement actuellement en exercice, délivrés conformément aux lois antérieures à la présente, ou prorogés par ordonnance royale, conserveront leur effet pendant tout le temps qui aura été assigné à leur durée.

54. Les procédures commencées avant la promulgation de la présente loi seront mises à fin, conformément aux lois antérieures. — Toute action, soit en contrefaçon, soit en nullité ou déchéance de brevet, non encore intentée, sera suivie conformément aux dispositions de la présente loi, alors même qu'il s'agirait de brevets délivrés antérieurement.

15 *juillet* 1845. — LOI *sur la police des chemins de fer.*

Titre Ier. — Mesures relatives à la conservation des chemins de fer.

Art. 1. Les chemins de fer construits ou concédés par l'Etat font partie de la grande voirie (1).

2. Sont applicables aux chemins de fer les lois et réglements sur la grande voirie qui ont pour objet d'assurer la conservation des fossés, talus, levées et ouvrages d'art dépendant des routes, et d'interdire, sur toute leur étendue, le pacage des bestiaux et les dépôts de terre et autres objets quelconques.

3. Sont applicables aux propriétés riveraines des chemins de fer les servitudes imposées par les lois et réglements sur la grande voirie, et qui concernent : — L'alignement ; — L'écoulement des eaux, C. civ. 640 ; — L'occupation temporaire des terrains en cas de réparation ; — La distance à observer pour les plantations, et l'élagage des arbres plantés ; — Le mode d'exploitation des mines, minières, tourbières, carrières et sablières, dans la zône déterminée à cet effet. — Sont également applicables à la confection et à l'entretien des chemins de fer, les lois et réglements sur l'extraction des matériaux nécessaires aux travaux publics.

4. Tout chemin de fer sera clos des deux côtés et sur toute l'étendue de la voie. — L'administration déterminera, pour chaque ligne, le mode de cette clôture, et pour ceux des chemins qui n'y ont pas été assujettis, l'époque à laquelle elle devra être effectuée. — Partout où les chemins de fer croiseront de niveau les routes de terre, des barrières seront établies et tenues fermées, conformément aux réglements.

5. A l'avenir, aucune construction autre qu'un mur de clôture ne pourra être éta-

(1) V. *Voirie*

blie dans une distance de deux mètres d'un chemin de fer. Cette distance sera mesurée soit de l'arête supérieure du déblai, soit de l'arête inférieure du talus du remblai, soit du bord extérieur des fossés du chemin, et, à défaut d'une ligne tracée, à 1 mètre 50 centimètres à partir des rails extérieurs de la voie de fer. — Les constructions existantes au moment de la promulgation de la présente loi, ou lors de l'établissement d'un nouveau chemin de fer, pourront être entretenues dans l'état où elles se trouveront à cette époque. — Un réglement d'administration publique déterminera les formalités à remplir par les propriétaires pour faire constater l'état desdites constructions, et fixera le délai dans lequel ces formalités devront être remplies.

6. Dans les localités où le chemin de fer se trouvera en remblai de plus de 3 mètres au dessus du terrain naturel, il est interdit aux riverains de pratiquer, sans autorisation préalable, des excavations dans une zône de largeur égale à la hauteur verticale du remblai, mesurée à partir du pied du talus. — Cette autorisation ne pourra être accordée sans que les concessionnaires ou fermiers de l'exploitation du chemin de fer aient été entendus ou dûment appelés.

7. Il est défendu d'établir, à une distance de moins de 20 mètres d'un chemin de fer desservi par des machines à feu, des couvertures en chaume, des meules de paille, de foin, et aucun autre dépôt de matières inflammables. — Cette prohibition ne s'étend pas aux dépôts de récoltes faits seulement pour le temps de la moisson.

8. Dans une distance de moins de 5 mètres d'un chemin de fer, aucun dépôt de pierres ou objets non inflammables, ne peut être établi sans l'autorisation préalable du préfet. — Cette autorisation sera toujours révocable. — L'autorisation n'est pas nécessaire, — 1° Pour former, dans les localités où le chemin de fer est en remblai, des dépôts de matières non inflammables, dont la hauteur n'excède pas celle du remblai du chemin ; — 2° Pour former des dépôts temporaires d'engrais et autres objets nécessaires à la culture des terres.

9. Lorsque la sûreté publique, la conservation du chemin et la disposition des lieux le permettront, les distances déterminées par les articles précédents pourront être diminuées en vertu d'ordonnances royales rendues après enquêtes.

10. Si, hors des cas d'urgence prévus par la loi des 16-24 août 1790 (1), la sûreté publique ou la conservation du chemin de fer l'exige, l'administration pourra faire supprimer, moyennant une juste indemnité, les constructions, plantations, excavations, couvertures en chaume, amas de matériaux combustibles ou autres, existant dans les zônes ci-dessus spécifiées au moment de la promulgation de la présente loi, et, pour l'avenir, lors de l'établissement du chemin de fer. — L'indemnité sera réglée, pour la suppression des constructions, conformément aux titres IV et suivants de la loi du 3 mai 1841; et, pour tous les autres cas, conformément à la loi du 16 septembre 1807.

11. Les contraventions aux dispositions du présent titre seront constatées, poursuivies et réprimées comme en matière de grande voirie. — Elles seront punies d'une amende de 16 à 300 fr., sans préjudice, s'il y a lieu, des peines portées au Code pénal et au titre III de la présente loi. Les contrevenants seront, en outre, condamnés à supprimer, dans le délai déterminé par l'arrêté du conseil de préfecture, les excavations, couvertures, meules ou dépôts faits contrairement aux dispositions précédentes. — A défaut, par eux, de satisfaire à cette condamnation dans le délai fixé, la suppression

(1) V. art 471, § 15, C. pén., v° *Contraventions de police.*

aura lieu d'office, et le montant de la dépense sera recouvré contre eux par voie de contrainte, comme en matière de contributions publiques.

Titre II. — Des contraventions de voirie commises par les concessionnaires ou fermiers de chemins de fer.

12. Lorsque le concessionnaire ou le fermier de l'exploitation d'un chemin de fer contreviendra aux clauses du cahier des charges, ou aux décisions rendues en exécution de ces clauses, en ce qui concerne le service de la navigation, la viabilité des routes royales, départementales et vicinales, ou le libre écoulement des eaux, procès-verbal sera dressé de la contravention, soit par les ingénieurs des ponts et chaussées ou des mines, soit par les conducteurs, gardes-mines et piqueurs, dûment assermentés.

13. Les procès-verbaux, dans les quinze jours de leur date, seront notifiés administrativement au domicile élu par le concessionnaire ou le fermier, à la diligence du préfet, et transmis dans le même délai au conseil de préfecture du lieu de la contravention.

14. Les contraventions prévues à l'article 12 seront punies d'une amende de trois cents francs à trois mille francs.

15. L'administration pourra, d'ailleurs, prendre immédiatement toutes les mesures provisoires pour faire cesser le dommage, ainsi qu'il est procédé en matière de grande voirie. — Les frais qu'entraînera l'exécution de ces mesures seront recouvrés, contre le concessionnaire ou fermier, par voie de contrainte, comme en matière de contributions publiques.

Titre III. — Des mesures relatives à la sûreté de la circulation sur les chemins de fer.

16. Quiconque aura *volontairement* détruit ou dérangé la voie de fer, placé sur la voie un objet faisant obstacle à la circulation, ou employé un moyen quelconque pour entraver la marche des convois ou les faire sortir des rails, sera puni de la réclusion. S'il y a eu homicide ou blessures, le coupable sera, dans le premier cas, puni de mort; et, dans le second, de la peine des travaux forcés à temps.

17. Si le crime prévu par l'art. 16 a été commis en réunion séditieuse, avec rébellion ou pillage, — C. pén. 265 à 268, — il sera imputable aux chefs, auteurs, instigateurs et provocateurs de ces réunions, qui seront punis comme coupables du crime et condamnés aux mêmes peines que ceux qui l'auront personnellement commis, lors même que la réunion séditieuse n'aurait pas eu pour but direct et principal la destruction de la voie de fer. — Toutefois, dans ce dernier cas, lorsque la peine de mort sera applicable aux auteurs du crime, elle sera remplacée, à l'égard des chefs, auteurs, instigateurs et provocateurs de ces réunions, par la peine des travaux forcés à perpétuité.

18. Quiconque aura menacé, par écrit anonyme ou signé, de commettre un des crimes prévus en l'art. 16, sera puni d'un emprisonnement de trois à cinq ans, dans le cas où la menace aurait été faite avec ordre de déposer une somme d'argent dans un lieu indiqué, ou de remplir toute autre condition. — Si la menace n'a été accompagnée d'aucun ordre ou condition, la peine sera d'un emprisonnement de trois mois à deux ans, et d'une amende de cent à cinq cents fr. — Si la menace avec ordre ou condition a été verbale, le coupable sera puni d'un emprisonnement de quinze jours à six mois, et

(1) V. *Menaces*.

d'une amende de vingt-cinq francs à trois cents francs. — Dans tous les cas, le coupable pourra être mis par le jugement sous la surveillance de la haute police, pour un temps qui ne pourra être moindre de deux ans ni excéder cinq ans.

19. Quiconque, par maladresse, imprudence, inattention, négligence ou inobservation des lois ou réglements, aura involontairement causé sur un chemin de fer, ou dans les gares ou stations, un accident qui aura occasionné des blessures, sera puni de huit jours à six mois d'emprisonnement, et d'une amende de cinquante francs à mille francs. — Si l'accident a occasionné la mort d'une ou plusieurs personnes, l'emprisonnement sera de six mois à cinq ans, et l'amende de trois cents à mille francs (1).

20. Sera puni d'un emprisonnement de six mois à deux ans tout mécanicien ou conducteur garde-frein qui aura abandonné son poste pendant la marche du convoi.

21. Toute contravention aux ordonnances royales portant réglement d'administration publique sur la police, la sûreté et l'exploitation du chemin de fer, et aux arrêtés pris par les préfets, sous l'approbation du ministre des travaux publics, pour l'exécution desdites ordonnances, sera punie d'une amende de seize à trois mille francs. — En cas de récidive dans l'année, l'amende sera portée au double, et le tribunal pourra, selon les circonstances, prononcer en outre un emprisonnement de trois jours à un mois.

22. Les concessionnaires ou fermiers d'un chemin de fer seront responsables, soit envers l'Etat, soit envers les particuliers, du dommage causé par les administrateurs, directeurs ou employés à un titre quelconque au service de l'exploitation du chemin de fer. — L'État sera soumis à la même responsabilité envers les particuliers, si le chemin de fer est exploité à ses frais et pour son compte.

23. Les crimes, délits ou contraventions prévus dans les titres Ier et III de la présente loi, pourront être constatés par des procès-verbaux dressés concurremment par les officiers de police judiciaire, les ingénieurs des ponts et chaussées et des mines, les conducteurs, gardes-mines, agents de surveillance et gardes nommés ou agréés par l'administration et dûment assermentés. — Les procès-verbaux des délits et contraventions feront foi jusqu'à preuve contraire. — Au moyen du serment prêté devant le tribunal de première instance de leur domicile, les agents de surveillance de l'administration et des concessionnaires ou fermiers pourront verbaliser sur toute la ligne du chemin de fer auquel ils seront attachés.

24. Les procès-verbaux dressés en vertu de l'article précédent seront visés pour timbre et enregistrés en débet. — Ceux qui auront été dressés par des agents de surveillance et gardes assermentés devront être affirmés dans les trois jours, à peine de nullité, devant le juge de paix ou le maire, soit du lieu du délit ou de la contravention, soit de la résidence de l'agent.

25. Toute attaque, toute résistance avec violence et voie de fait envers les agents des chemins de fer, dans l'exercice de leurs fonctions, sera punie des peines appliquées à la rébellion (2), suivant les distinctions faites par le Code pénal.

26. L'art. 463 (3) du Code pénal est applicable aux condamnations qui seront prononcées en exécution de la présente loi.

27. En cas de conviction de plusieurs crimes ou délits prévus par la présente loi ou par le Code pénal, la peine la plus forte sera seule prononcée. — Les peines encourues pour des faits postérieurs à la poursuite pourront être cumulées, sans préjudice des peines de la récidive.

---

(1) V. *Homicide* et *Blessures involontaires*.
(2) V. *Rébellion*.
(3) V. *Circonstances atténuantes*.

15 *juillet* 1845. — LOI *relative au chemin de fer de Paris à la Belgique.*

Titre VII. — Dispositions générales.

7. Nul ne sera admis à concourir à l'adjudication d'un chemin de fer, si préalablement il n'a été agréé par le ministre des travaux publics, — et s'il n'a déposé, — à la caisse des dépôts et consignations, la somme indiquée au cahier des charges ; — au secrétariat-général du ministère du commerce, en double exemplaire, le projet des statuts de la compagnie ; — au secrétariat-général du ministère des travaux publics, le registre à souche d'où auront été détachés les titres délivrés aux souscripteurs, ou, pour les compagnies dont les souscriptions auraient été ouvertes antérieurement à la présente loi, l'état appuyé de pièces justificatives constatant les engagements réciproques des fondateurs et des souscripteurs, les versements reçus et la répartition définitive du montant du capital social. — A dater de la remise des registres ou états ci-dessus entre les mains du ministre des travaux publics, toute stipulation par laquelle les fondateurs se seraient réservé la faculté de réduire le nombre des actions souscrites sera nulle et sans effet.

8. Les récépissés de souscription ne sont point négociables. — Les souscripteurs seront responsables, jusqu'à concurrence des cinq dixièmes, du versement du montant des actions qu'ils auront souscrites. — Chaque souscripteur aura le droit d'exiger de la compagnie adjudicataire la remise de toutes les actions pour lesquelles il aura été porté sur l'état définitif de répartition déposé au secrétariat général du ministère des travaux publics. — Ces conditions seront mentionnées sur les registres ouverts et sur les récépissés émis postérieurement à la promulgation de la présente loi.

9. Les adjudications ne seront valables et définitives qu'après avoir été homologuées par une ordonnance royale.

10. La compagnie adjudicataire ne pourra émettre d'actions ou promesses d'actions négociables avant de s'être constituée en société anonyme dûment autorisée, conformément à l'article 37 du Code de commerce.

11. Les fondateurs de la compagnie n'auront droit qu'au remboursement de leurs avances, dont le compte, appuyé des pièces justificatives, aura été accepté par l'assemblée générale des actionnaires. — L'indemnité qui pourra être attribuée aux administrateurs, à raison de leurs fonctions, sera réglée par l'assemblée générale des actionnaires.

12. Nul ne pourra voter par procuration dans le conseil d'administration de la compagnie. — Dans le cas où deux membres, dissidents sur une question, demanderaient qu'elle fût ajournée jusqu'à ce que l'opinion d'un ou plusieurs administrateurs absents fût connue, il pourra être envoyé à tous les absents une copie ou extrait du procès-verbal, avec invitation de venir voter dans une prochaine réunion à jour fixe, ou d'adresser par écrit leur opinion au président. Celui-ci en donnera lecture au conseil, après quoi la décision sera prise à la majorité des membres présents.

13. Toute publication quelconque de la valeur des actions, avant l'homologation de l'adjudication, sera punie d'une amende de cinq cents francs à trois mille francs. Sera puni de la même peine tout agent de change qui, avant la constitution de la société anonyme, se serait prêté à la négociation de récépissés ou promesses d'actions.

14. A moins d'une autorisation spéciale de l'administration supérieure, il est interdit à la compagnie, sous les peines portées par l'article 419 du Code pénal, de faire directement ou indirectement, avec des entreprises de transport de voyageurs ou de marchandises, par terre ou par eau, sous quelque dénomination ou forme que ce puisse

être, des arrangements qui ne seraient pas également consentis en faveur de toutes les autres entreprises desservant les mêmes routes. — Des ordonnances royales, portant réglement d'administration publique, prescriront toutes les mesures nécessaires pour assurer la plus complète égalité entre les diverses entreprises de transports, dans leurs rapports avec le service des chemins de fer et de leurs embranchements.

19 *juillet* 1845. — LOI *sur la vente des substances vénéneuses.*

ARTICLE 1. Les contraventions aux ordonnances royales portant réglement d'administration publique, sur la vente, l'achat et l'emploi des substances vénéneuses, seront punies d'une amende de cent fr. à trois mille fr., et d'un emprisonnement de six jours à deux mois, sauf application, s'il y a lieu, de l'art. 463 du Code pénal. — Dans tous les cas, les tribunaux pourront prononcer la confiscation des substances saisies en contravention.

2. Les articles 34 et 35 de la loi du 21 germinal an XI (1) seront abrogés à partir de la promulgation de l'ordonnance qui aura statué sur la vente des substances vénéneuses.

22 *juillet* 1847. — LOI *relative au défrichement des bois* (2).

ARTICLE UNIQUE. Les dispositions transitoires du titre XV du Code forestier, relatives au défrichement, continueront d'être exécutées jusqu'au 31 juillet 1850.

29 *février* 1848. — ARRÊTÉ *sur l'affichage et la distribution d'écrits sans nom d'imprimeur* (3).

Considérant que, dans les circonstances actuelles, la circulation des écrits dont personne ne répond, donne lieu à des faux audacieux, et fournit aux ennemis du peuple des armes très dangereuses, le gouvernement provisoire de la République arrête :

ARTICLE 1. Quiconque sera surpris affichant ou distribuant des écrits sans nom d'imprimeur sera passible des peines les plus sévères.

6 *mars* 1848. — DÉCRET *qui abroge la loi du* 9 *septembre* 1835 (4) *sur la presse et plusieurs articles des Codes d'instruction criminelle et pénal.*

Le Gouvernement provisoire de la République, sur le rapport du ministre de la justice, considérant que les lois de septembre, violation flagrante de la constitution jurée, ont excité, dès leur présentation, la réprobation unanime des citoyens ; — considérant que la loi du 9 septembre 1835 sur les crimes, délits et contraventions de la presse et des autres moyens de publication, est un attentat contre la liberté de la presse ; qu'elle a inconstitutionnellement changé l'ordre des juridictions, enlevé au jury la connaissance des crimes et des délits de la presse, appliqué, contre tous les principes du droit, à des faits appelés contraventions, les peines qui ne doivent frapper que les délits ; — consi-

---

(1) Voy. *Police médicale.*
(2) Voy. plus bas la loi du 22 juillet 1850.
(3) Voy. Lois du 10 décembre 1830 et du 8 avril 1831, v° *Presse.*
(4) Voy. *Presse.*

dérant que, dans la loi du même jour sur les cours d'assises, plusieurs dispositions sont à la fois contraires à la liberté ou à la sûreté de la défense, et à tous les principes du droit public; que la condamnation par le jury à la simple majorité est une disposition que réprouvent à la fois la philosophie et l'humanité, et qui est en opposition complète avec tous les principes proclamés par nos diverses assemblées nationales, décrète :

ARTICLE 1. La loi du 9 septembre 1835 sur les crimes, délits et contraventions de la presse et des autres moyens de publication, est abrogée.

2. Jusqu'à ce qu'il ait été statué par l'Assemblée nationale constituante, les lois antérieures relatives aux délits et contraventions en matière de presse seront exécutées dans les dispositions auxquelles il n'a pas été dérogé par les décrets du Gouvernement provisoire.

3. Sont abrogés les articles 4, 5, 7 de la loi du 9 septembre 1835, (1) sur les cours d'assises, le quatrième paragraphe de l'article 341 du Code d'instruction criminelle, l'article 347 du même Code, tels qu'ils ont été rectifiés par la loi du 9 septembre 1835 sur la rectification des articles 341, 345, 346, 347 et 352 du Code d'instruction criminelle (2) et de l'article 27 du Code pénal (3).

4. (4) La condamnation aura lieu à la majorité de neuf voix; la décision du jury portera ces mots : *Oui, l'accusé est coupable à la majorité de plus de huit voix*, à peine de nullité.

5. La discussion dans le sein de l'assemblée du jury avant le vote est de droit.

18 *avril* 1848. — DÉCRET *relatif à la réhabilitation des condamnés* (5)

Le Gouvernement provisoire décrète :

ARTICLE 1. Provisoirement le ministre de la justice est autorisé à prononcer la réhabilitation des condamnés, avec les modifications suivantes aux dispositions du Code d'instruction criminelle.

2. La demande en réhabilitation, les attestations exigées par l'article 620 du Code d'instruction criminelle et l'expédition de l'arrêt de condamnation, seront soumises au procureur général, qui transmettra son avis par écrit au ministre de la justice : le ministre statuera.

3. Si la demande est rejetée, le condamné pourra se pourvoir de nouveau après un intervalle de cinq ans. Il sera procédé sur la nouvelle demande selon qu'il est prescrit au Code d'instruction criminelle.

4. Si, sur la première demande, le ministre prononce la réhabilitation, il en sera expédié des lettres qui seront transcrites en marge de la minute de l'arrêt qui aura prononcé la condamnation.

5. Tout condamné correctionnellement pourra obtenir sa réhabilitation trois ans après l'expiration de sa peine, pourvu qu'il soit domicilié depuis deux ans accomplis dans la même commune. Il devra adresser directement sa demande au procureur général de la cour d'appel dans le ressort de laquelle son arrêt de condamnation aura été rendu. Il y joindra des certificats de bonne conduite délivrés par les maires des com-

---

(1) Voy. *Cour d'assises*.
(2) Voy. *Cour d'assises*.
(3) Voy. *Peines*.
(4) Article abrogé par le décr. du 8 octobre 1848.
(5) Voy. *Réhabilitation*.

munes qu'il a successivement habitées, approuvés par les sous-préfets. Le procureur général donnera son avis au ministre, qui prononcera.

6. Si la demande est accueillie, les lettres accordées seront transcrites en marge de la minute de l'arrêt qui aura prononcé la condamnation.

7. Il n'est point dérogé aux autres dispositions du Code d'instruction criminelle.

7 *juin* 1848. — LOI *sur les attroupements* (1).

La Commission du pouvoir exécutif a proposé, l'Assemblée nationale a adopté, la Commission du pouvoir exécutif promulgue le décret dont la teneur suit :

ARTICLE 1. Tout attroupement armé formé sur la voie publique est interdit. Est également interdit, sur la voie publique, tout attroupement non armé qui pourrait troubler la tranquillité publique.

2. L'attroupement est armé : 1° quand plusieurs des individus qui le composent sont porteurs d'armes apparentes ou cachées ; 2° lorsqu'un seul de ces individus, porteur d'armes apparentes, n'est pas immédiatement expulsé de l'attroupement par ceux-là mêmes qui en font partie.

3. Lorsqu'un attroupement armé ou non armé se sera formé sur la voie publique, le maire ou l'un de ses adjoints, à leur défaut le commissaire de police ou tout autre agent ou dépositaire de la force publique et du pouvoir exécutif portant l'écharpe tricolore, se rendra sur le lieu de l'attroupement. Un roulement de tambour annoncera l'arrivée du magistrat. Si l'attroupement est armé, le magistrat lui fera sommation de se dissoudre et de se retirer. Cette première sommation restant sans effet, une seconde sommation, précédée d'un roulement de tambour, sera faite par le magistrat. En cas de résistance, l'attroupement sera dissipé par la force. Si l'attroupement est sans armes, le magistrat, après le premier roulement de tambour exhortera les citoyens à se disperser. S'ils ne se retirent pas, trois sommations seront successivement faites. En cas de résistance, l'attroupement sera dissipé par la force.

4. Quiconque aura fait partie d'un rassemblement armé sera puni comme il suit : — Si l'attroupement s'est dissipé après la première sommation et sans avoir fait usage de ses armes, la peine sera d'un mois à un an d'emprisonnement. — Si l'attroupement s'est formé pendant la nuit, la peine sera d'un an à trois ans d'emprisonnement. Néanmoins, il ne sera prononcé aucune peine pour fait d'attroupement contre ceux qui, en ayant fait partie, sans être personnellement armés, se seront retirés sur la première sommation de l'autorité. — Si l'attroupement ne s'est dissipé qu'après la deuxième sommation, mais avant l'emploi de la force, et sans qu'il ait fait usage de ses armes, la peine sera de un à trois ans, et de deux à cinq ans, si l'attroupement s'est formé pendant la nuit. — Si l'attroupement ne s'est dissipé que devant la force ou après avoir fait usage de ses armes, la peine sera de cinq à dix ans de détention pour le premier cas, et de cinq à dix ans de réclusion pour le second cas. — Si l'attroupement s'est formé pendant la nuit, la peine sera la réclusion. — L'aggravation de peine résultant des circonstances prévues par la disposition du paragraphe 5 qui précède ne sera applicable aux individus non armés faisant partie d'un attroupement réputé armé dans le cas d'armes cachées, que lorsqu'ils auront eu connaissance de la présence dans l'attroupement de plusieurs personnes portant des armes cachées, sauf l'application des peines portées par les autres paragraphes du présent article. — Dans tous les cas prévus par les troisième, quatrième et

(1) Voy. *Attroupements.*

cinquième paragraphes du présent article, les coupables condamnés à des peines de police correctionnelle pourront être interdits, pendant un an au moins et cinq ans au plus, de tout ou partie des droits mentionnés en l'article 42 du Code pénal.

5. Quiconque faisant partie d'un attroupement non armé ne l'aura pas abandonné après le roulement de tambour précédant la deuxième sommation sera puni d'un emprisonnement de quinze jours à six mois. Si l'attroupement n'a pu être dissipé que par la force, la peine sera de six mois à deux ans.

6. Toute provocation directe à un attroupement armé ou non armé, par des discours proférés publiquement et par des écrits ou des imprimés, affichés ou distribués, sera punie comme le crime et le délit, selon les distinctions ci-dessus établies. Les imprimeurs, graveurs, lithographes, afficheurs et distributeurs seront punis comme complices lorsqu'ils auront agi sciemment. Si la provocation faite par les moyens ci-dessus n'a pas été suivie d'effet, elle sera punie, s'il s'agit d'une provocation à un attroupement nocturne et armé, d'un emprisonnement de six mois à un an; s'il agit d'un attroupement non armé, l'emprisonnement sera de un mois à trois mois.

7. Les poursuites dirigées pour crime ou délit d'attroupement ne font aucun obstacle à la poursuite pour crimes et délits particuliers qui auraient été commis au milieu des attroupements.

8. L'article 463 du Code pénal est applicable aux crimes et délits prévus et punis par la présente loi.

9. La mise en liberté provisoire pourra toujours être accordée avec ou sans caution.

10. Les poursuites pour délits et crimes d'attroupement seront portées devant la cour d'assises.

28 *juillet* 1848. — DÉCRET *sur les clubs.* (1)

L'Assemblée nationale a adopté le décret dont la teneur suit :

ARTICLE 1. Les citoyens ont le droit de se réunir, en se conformant aux dispositions suivantes.

2. L'ouverture de tout club ou réunion de citoyens sera précédée d'une déclaration faite par les fondateurs, à Paris, à la préfecture de police, et dans les départements, au maire de la commune et au préfet. Cette déclaration aura lieu quarante-huit heures au moins avant l'ouverture de la réunion. Elle indiquera les noms, qualités et domiciles des fondateurs, le local, les jours et heures des séances. Il sera immédiatement donné acte de la déclaration. — Aucun club ne pourra prendre une dénomination autre que celle du lieu de ses séances. — Les édifices publics ou communaux ne pourront être affectés, même temporairement, à ces réunions.

3. Les clubs seront publics, et ne pourront, dans aucun cas, ni restreindre la publicité par aucuns moyens directs ou indirects, ni se constituer en comité secret. — Pour assurer cette publicité, un quart au moins des places sera réservé aux citoyens étrangers au club. — Les femmes et les mineurs ne pourront être membres d'un club ni y assister. — Les séances des clubs ne pourront se prolonger au delà de l'heure fixée par l'autorité pour la fermeture des lieux publics.

4. L'autorité qui aura reçu la déclaration pourra toujours déléguer, pour assister aux séances des clubs, un fonctionnaire de l'ordre administratif ou judiciaire. — Ce fonctionnaire y prendra une place spéciale, à son choix, et devra être revêtu de ses insignes.

5. Un procès-verbal sera dressé et signé, à la fin de chaque séance, par tous les membres qui auront fait partie du bureau ; il contiendra, 1° les noms des membres

---

(1) Voy. loi du 9 juin 1849.

qui auront fait partie du bureau ; 2° le résumé exact de tout ce qui sera passé à la séance. Il sera représenté à toute réquisition de l'autorité publique. — Le fonctionnaire présent à la séance pourra requérir l'insertion au procès-verbal de toutes les constatations qu'il jugera nécessaire, sans préjudice du droit qui lui appartient de dresser procès-verbal de toute contravention à la loi.

6. Les membres du bureau ne peuvent tolérer la discussion d'aucune proposition contraire à l'ordre public et aux bonnes mœurs, ou tendant à provoquer un acte déclaré crime ou délit par la loi, ni des dénonciations contre les personnes, ou attaques individuelles. — Les discours, cris ou menaces proférés dans un club sont considérés comme proférés dans un lieu public, et demeurent soumis à la même responsabilité. — Il en sera de même de tous imprimés ou emblèmes distribués dans l'intérieur du club.

7. Sont interdits : les rapports, adresses et toutes autres communications de club à club, les députations ou délégations de commissaires faites par un club, quel que soit l'objet de la mission des députés ou délégués. — Sont également interdits : toutes affiliations entre clubs, tout signes extérieurs d'association et toutes affiches, proclamations et pétitions collectives de clubs. — Il est interdit à tous clubs ou réunions de prendre des résolutions dans la forme de lois, décrets, arrêtés, ordonnances, jugements ou autres actes de l'autorité publique.

8. Quiconque se présentera dans un club avec des armes apparentes ou cachées sera puni d'un emprisonnement de trois à six mois, et de la privation des droits civiques pendant trois ans au moins et dix ans au plus. — Seront punis de la même peine, 1° les membres du bureau qui auront provoqué le fait, ou qui, en étant informés, ne l'auront pas empêché, en ordonnant l'expulsion immédiate des individus armés; 2° tous ceux qui, par des discours proférés publiquement, ou par des écrits publiés ou affichés, auront provoqué les citoyens à se rendre en armes au club, ou à s'armer au dehors.

9. Toute contravention aux articles 2, 3, 4 et 5 sera punie d'une amende de cent à à cinq cents frans, et, s'il y a lieu, de la privation en tout ou en partie, pendant un an au moins et trois ans au plus, de l'exercice des droits civiques mentionnés dans l'art. 42 du Code pénal. Ces peines seront prononcées contre les président, secrétaire et autres membres du bureau qui auront assisté aux séances sans que les règles prescrites par les articles précités aient été observées.

10. Toute contravention aux dispositions des art. 6 et 7 sera punie d'une amende de cent à cinq cents francs, et, suivant le cas, d'un emprisonnement de quinze jours à trois mois, et de la privation des droits civiques de un an à cinq ans. — Ces peines seront prononcées contre les président, secrétaire et autres membres du bureau qui auront autorisé les contraventions prévues par ces articles, et, en outre, contre les membres qui auront pris une part active à ces contraventions.

11. Le tribunal, en prononçant les peines édictées par les trois articles qui précèdent, pourra, en outre, selon la gravité des circonstances, ordonner la fermeture des clubs. — Dans les cas de délits ou contraventions constatés par un procès-verbal et ayant donné lieu à un réquisitoire à fin de poursuites, la chambre du conseil, par une ordonnance spéciale, rendue sur les réquisitions du ministère public et le rapport du juge d'instruction, pourra ordonner la fermeture immédiate et provisoire du club ou de la réunion jusqu'au jugement définitif des délits ou contraventions. — Cette ordonnance ne sera sujette à aucun recours.

12. En cas de réunion d'un club après la dissolution ou suspension prononcée, la peine contre les contrevenants sera de six mois à un an d'emprisonnement et de la privation des droits civiques de cinq à dix ans.

13. Les sociétés secrètes sont interdites. Ceux qui seront convaincus d'avoir fait parties d'une société secrète seront punis d'une amende de cent à cinq cents francs, d'un emprisonnement de six mois à deux ans, et de la privation des droits civiques de un an à cinq ans. — Ces condamnations pourront être portées au double contre les chefs ou fondateurs desdites sociétés. — Ces peines seront prononcées sans préjudice de celles qui pourraient être encourues pour crimes ou délits prévus par les lois.

14. Les citoyens peuvent fonder, dans un but non politique, des cercles ou réunions non publiques, en faisant préalablement connaître à l'autorité municipale le local et l'objet de la réunion, et les noms des fondateurs, administrateurs et directeurs. — A défaut de déclaration, ou en cas de fausse déclaration, la réunion sera fermée immédiatement, et ses membres pourront être poursuivis comme ayant fait partie d'une société secrète. — Les dispositions qui précèdent ne sont point applicables aux associations industrielles ou de bienfaisance.

15. Les réunions non publiques, dont le but sera politique, ne pourront se former qu'avec la permission de l'autorité municipale, et aux conditions qu'elle déterminera, sauf recours, en cas de refus, à l'autorité supérieure. — L'administration pourra toujours révoquer les autorisations accordées et faire fermer les réunions qui n'en seraient pas pourvues. — En cas de contravention, les membres chefs, et fondateurs seront punis des peines prononcées par l'art. 13.

16. Les infractions aux formalités prescrites par le présent décret, pour l'ouverture des clubs et la tenue de leurs séances, seront déférées aux tribunaux de police correctionnelle. — Toutes les autres infractions seront soumises au jugement du jury.

17. En cas de conviction de plusieurs crimes ou délits commis dans les réunions publiques ou non publiques, la peine la plus forte sera seule appliquée aux faits antérieurs à la poursuite.

18. L'art. 463 du Code pénal pourra être appliqué à toutes les infractions prévues par le présent décret. — Lorsque les circonstances atténuantes seront admises, la cour ou le tribunal appliquera l'art. 401 du Code pénal. Néanmoins la durée de l'emprisonnement pourra être réduite au minimum fixé par la présente loi. — La liberté provisoire pourra, dans tous les cas, être accordée avec ou sans caution.

19. Les dispositions du présent décret ne sont pas applicables aux réunions ayant pour objet exclusif l'exercice d'un culte quelconque, ni aux réunions électorales préparatoires.

7 août 1848. — DÉCRET *sur le jury* (1).

L'Assemblée nationale a adopté et le chef du pouvoir exécutif promulgue le décret dont la teneur suit :

Titre I. — De la composition de la liste générale du jury.

ARTICLE 1. Tous les Français âgés de trente ans, jouissant des droits civils et politiques, seront portés sur la liste générale du jury, sauf les cas d'incapacité ou de dispense prévus par les articles suivants :

2. Ne peuvent être jurés : — 1° ceux qui ne savent pas lire et écrire en français ; — 2° les domestiques et serviteurs à gages.

---

(1) Voy. *Jury*.

3. Sont incapables d'être jurés : ceux à qui l'exercice de tout ou partie des droits politiques, civils ou de famille a été interdit; — les faillis non réhabilités ; — les interdits et ceux qui sont pourvus d'un conseil judiciaire ; — ceux qui sont en état d'accusation ou de contumace ; — les individus qui ont été condamnés soit à des peines afflictives ou infamantes, soit à des peines correctionnelles pour faits qualifiés crimes par la loi, ou pour délits de vol, d'escroquerie, abus de confiance, usure, attentat aux mœurs, vagabondage ou mendicité, et ceux qui, à raison de tout autre délit, auront été condamnés à plus d'un an d'emprisonnement. — Les condamnations pour délits politiques n'entraîneront l'incapacité qu'autant que le jugement la prononcerait.

4. Les fonctions de juré sont incompatibles avec celle de représentant du peuple, de ministre, de sous-secrétaire d'État, de secrétaire général d'un ministère, de préfet et de sous-préfet, de juge, de procureur de la République et de leurs substituts, de ministre d'un culte quelconque, de membre du conseil d'État, de commissaires de la République près les administrations ou régies, de fonctionnaire ou préposé chargé d'un service actif, de militaire en activité de service, d'instituteur primaire communal.

5. Pourront, sur leur demande, ne point être portés sur la liste :

1° Les septuagénaires ;

2° Les citoyens qui, vivant d'un travail journalier, justifieraient qu'ils ne peuvent supporter les charges résultant des fonctions de juré.

6. La liste des jurés, pour chaque commune, sera dressée par les maires, sur la liste générale des électeurs; il se conformera aux prescriptions des articles précédents; cette liste sera, par ses soins, affichée sur la porte de l'église, de la maison commune et partout où il jugera convenable. Pendant les dix jours qui suivront cette publication, tout citoyen pourra réclamer, soit contre une inscription, soit contre une omission, en déposant sa réclamation à la mairie. Cette réclamation sera jugée dans les huit jours par le conseil municipal, sauf recours devant le tribunal civil, s'il s'agit d'incapacité légale, ou, s'il s'agit de toute autre cause, devant le conseil de préfecture, lequel statuera définitivement et sans frais. Ce recours sera formé dans les trois jours de la notification, faite administrativement, de la décision du conseil municipal. Le tribunal statuera, également en dernier ressort, les parties intéressées présentes ou dûment appelées. La cause sera jugée sommairement, toutes affaires cessantes, et sans qu'il soit besoin du ministère d'avoué. Les actes judiciaires auxquels l'affaire donnera lieu seront exempts de timbre et enregistrés gratis. L'affaire sera rapportée en audience publique par un des membres du tribunal, et le jugement sera prononcé après que les parties et le ministère public auront été entendus. Les décisions du tribunal et du conseil de préfecture devront être rendues, au plus tard, dans les quinze jours du recours. Les additions ou retranchements opérés par suite des décisions intervenues sur les réclamations, seront affichés dans la commune, conformément au paragraphe premier du présent article.

7. La liste des jurés est permanente. — Tous les ans, avant le 15 septembre, le maire rectifiera cette liste, en retranchant les jurés qui seraient décédés ou devenus incapables, et en ajoutant les citoyens qui auraient acquis les conditions exigées. — La liste ainsi rectifiée sera publiée comme il est dit en l'article ci-dessus, et tout citoyen pourra dans le délai de dix jours, faire la réclamation prévue par ce même article, laquelle sera jugée dans les formes indiquées.

8. Avant le 1er novembre de chaque année, le maire transmet au préfet la liste des jurés de la commune. Le préfet dresse sans retard la liste générale du département, par canton et par ordre alphabétique. La liste de chaque canton est envoyée au juge de paix.

Titre II. -- De la composition de la liste annuelle.

9. La liste annuelle du jury pour chaque département comprendra un juré par deux cents habitants, en prenant pour base le tableau officiel de la population ; toutefois, le nombre total des jurés ne pourra excéder trois mille dans le département de la Seine, et quinze cents dans les autres départements. — Chaque année, il sera formé sur la liste générale, et en dehors de la liste annuelle du jury, une liste spéciale de jurés suppléants, pris parmi les jurés de la ville où se tiennent les assises ; elle sera pour chaque département de cinquante, et pour Paris de trois cents.

10. Le nombre des jurés, pour la liste annuelle, sera réparti, à Paris, entre les arrondissements, et, dans les départements, entre les cantons, proportionnellement au nombre des jurés portés sur la liste générale. Cette répartition sera faite par le préfet en conseil de préfecture. — En adressant au juge de paix l'arrêté de répartition, le préfet lui indiquera les noms des jurés désignés par le sort dans le cours de l'année précédente et de l'année courante.

11. Les jurés de chaque canton qui devront faire partie de la liste annuelle seront désignés par une commission composée, — 1° du conseiller général du canton, qui en sera président ; — 2° du juge de paix, vice président ; — 3° et de deux membres du conseil municipal de chaque commune de canton, désignés spécialement par ce conseil dans la première quinzaine du mois d'août de chaque année. — Le maire devra, sans délai, faire connaître au préfet et au juge de paix les noms des membres désignés.

12. Dans les cantons ne comprenant qu'une seule commune, la commission sera composée, — 1° du conseiller général, président ; — 2° du juge de paix, vice-président ; — 3° de cinq membres du conseil municipal, désignés conformément à l'art. 11.

13. Dans les communes divisées en plusieurs cantons, il n'y aura qu'une seule commission pour tous les cantons. — Elle sera composée, — 1° des conseillers généraux des cantons, dont le plus âgé sera le président ; — 2° des juges de paix, dont le plus ancien sera le vice-président ; — 3° de deux membres du conseil municipal de la ville pour chaque canton, désignés comme il est dit en l'art. 11 ; — 4° de deux membres du conseil municipal de chaque commune rurale faisant partie des cantons, et désignés comme il est dit ci-dessus.

14° Dans la ville de Paris, la commission sera composée pour chaque arrondissement — 1° de trois membres du conseil municipal, dont le plus âgé sera le président. Ils seront désignés par le conseil municipal et pris, autant que possible, parmi ceux qui demeurent dans l'arrondissement ; — 2° du maire et des adjoints de l'arrondissement ; — 3° du juge de paix. — Dans les cantons des arrondissements de Sceaux et de Saint-Denis, la commission sera composée comme il est dit en l'art. 11, et le président, à défaut de conseiller général, sera le juge de paix du canton.

15. La commission s'assemblera, dans la dernière quinzaine de novembre, au chef-lieu de canton, au jour et heure indiqués par le préfet. Chaque membre sera convoqué par un avertissement notifié dans la forme administrative. Cette commission ne pourra procéder aux opérations qui lui sont confiées qu'autant qu'elle sera composée de la moitié plus un des membres qui doivent en faire partie.

16. Chaque membre absent, dont les excuses n'auront pas été agréées par l'assemblée, pourra être condamné à une amende de quinze francs au moins et de cent francs au plus. Elle sera prononcée par le tribunal de première instance de l'arrondissement, jugeant en matière civile, et conformément à l'art. 6, sur le vu d'un extrait du procès-verbal de la commission constatant l'absence. La partie intéressée sera appelée par un simple avertissement délivré en la forme administrative.

17. La liste sera rédigée en double exemplaire et signée séance tenante. Un double est transmis immédiatement au préfet par le président de l'assemblée. L'autre double reste au greffe de la justice de paix, où chaque citoyen peut en prendre communication. — Il en sera de même de la liste des jurés suppléants.

18. Le préfet dresse sans retard la liste générale du département, par ordre alphabétique, sur les listes des cantons. Il dresse également, par ordre alphabétique, la liste des suppléants prescrite par l'art. 9. Ces listes ainsi rédigées seront, avant le 15 décembre de chaque année, transmises au greffier du tribunal chargé de la tenue des assises.

19. Si, dans le cours de l'année, il survient des décès ou incapacités, le maire de chaque commune sera tenu d'en instruire immédiatement le président du tribunal ou de la cour. Il sera statué conformément à l'art. 390 du Code d'instruction criminelle.

Titre III. — De la composition de la liste du jury pour chaque session.

20. Dix jours au moins avant l'ouverture des assises, le président de la cour d'appel, ou le président du chef-lieu judiciaire, dans les villes où il n'y aura pas de cour d'appel, tirera au sort, en audience publique, sur la liste annuelle, les noms des trente-six jurés qui formeront la liste de la session ; il tirera, en outre, six jurés suppléants sur la liste supplémentaire. — Si, au jour indiqué pour le jugement de chaque affaire, il y a moins de trente jurés présents, ce nombre sera complété par les jurés suppléants, suivant l'ordre de leur inscription, et, en cas d'insuffisance, par des jurés tirés au sort, et en audience publique, parmi les jurés inscrits sur la liste supplémentaire, subsidiairement parmi les jurés de la ville inscrits sur la liste annuelle, ou enfin parmi les trois cents jurés premiers inscrits sur la liste générale de la ville.

Titre IV. — Dispositions générales.

21. Nul ne peut être contraint à remplir les fonctions de juré plus d'une fois en trois années.

22. Toutes les dispositions du Code d'instruction criminelle auxquelles il n'est pas dérogé continueront d'être appliquées.

Titre V. — Dispositions transitoires.

23. Après la promulgation de la présente loi, il sera immédiatement procédé à la composition de la liste générale, de la liste annuelle et de la liste supplémentaire. Ces deux dernières seront transmises sans délai au greffe. Les jurés extraits de ces listes feront seuls le service des assises qui s'ouvriront ultérieurement. — Les listes ainsi rédigées serviront en outre pour l'année 1849.

9 *août* 1848. — DÉCRET *relatif aux cautionnements des journaux et écrits périodiques* (1).

ARTICLE 1. Les dispositions des lois existantes, relatives au cautionnement à fournir par les propriétaires de journaux ou écrits périodiques politiques, sont modifiées comme il suit à compter de ce jour jusqu'au 1er mai 1849, époque à partir de laquelle ces dispositions et celles du présent décret concernant l'obligation du cautionnement seront de plein droit abrogées. — Le cautionnement que les propriétaires de tout journal ou écrit périodique sont tenus de fournir sera versé en numéraire au trésor, qui en payera l'in-

(1) Abrogé par la loi du 16 juillet 1850.

térêt au taux réglé pour les cautionnements. — Le taux du cautionnement pour les départements de Seine, de Seine-et-Oise et de Seine-et-Marne, est fixé comme il suit : — Si le journal ou écrit périodique paraît plus de deux fois par semaine, soit à jour fixe, soit par livraison et irrégulièrement, le cautionnement sera de vingt-quatre mille francs. — Le cautionnement sera de dix-huit mille francs, si le journal ou écrit périodique ne paraît que deux fois par semaine. — Il sera de douze mille francs, si le journal ou écrit périodique ne paraît qu'une fois par semaine. — Il sera de six mille francs, si le journal ou écrit périodique paraît seulement plus d'une fois par mois. — Le cautionnement des journaux quotidiens publiés dans les départements autres que ceux de la Seine, Seine-et-Oise, Seine-et-Marne, sera de six mille francs dans les villes de cinquante mille âmes et au-dessus. — Il sera de trois mille six cents francs dans les villes au-dessous, et respectivement de la moitié de ces deux sommes pour les journaux et écrits périodiques qui paraissent à des termes moins rapprochés.

2. Il est accordé aux propriétaires des journaux ou écrits périodiques actuellement existants, et n'ayant pas encore versé de cautionnement, un délai de vingt jours, à compter de la promulgation du présent décret, pour se conformer aux dispositions qui précèdent. Les propriétaires de journaux qui ont versé des cautionnements en cédant tout ou partie de leur entreprise pourront céder tout ou partie de leur cautionnement, et les cessionnaires, par la notification de la cession au trésor, seront dispensés du versement d'un nouveau cautionnement, sauf le privilége et le droit des tiers, et sous toutes réserves à raison des délits commis antérieurement à la signification de la cession.

3. Les propriétaires des journaux ou écrits périodiques qui, en exécution de la loi du 9 septembre 1835, ont versé un cautionnement supérieur au taux fixé par l'art. 1er du présent décret, seront remboursés de la portion excédante par le trésor public, dans un délai qui ne dépassera pas six mois, à compter de la promulgation du présent décret.

4. Les dispositions des lois des 9 juin 1819, 18 juillet 1828, qui ne sont pas contraires au présent décret, continneront à être exécutées.

11 *août* 1848. — DÉCRET *relatif à la répression des crimes et délits commis par la voie de la presse.*

Les lois des 17 mai 1819 et 25 mars 1822 (1) sont modifiées ainsi qu'il suit :

ARTICLE 1. Toute attaque par l'un des moyens énoncés en l'art. 1er de la loi du 17 mai 1819, contre les droits et l'autorité de l'Assemblée nationale, contre les droits et l'autorité que les membres du pouvoir exécutif tiennent des décrets de l'Assemblée, contre les institutions républicaines et la Constitution, contre le principe de la souveraineté du peuple et du suffrage universel, sera puni d'un emprisonnement de trois mois à cinq ans, et d'une amende de trois cents francs à six mille francs.

2. L'offense par l'un des moyens énoncés en l'art. 1er de la loi du 17 mai 1819, envers l'Assemblée nationale, sera punie d'un emprisonnement d'un mois à trois ans, et d'une amende de cent francs à cinq mille francs.

3. L'attaque par l'un de ces moyens contre la liberté des cultes, le principe de la propriété, les droits de la famille, sera punie d'un emprisonnement d'un mois à trois ans et d'une amende de cent francs à quatre mille francs.

---

(1) Voy. *Presse.*

4. Quiconque, par l'un des moyens énoncés en l'art. 1er de la loi du 17 mai 1819, aura excité à la haine ou au mépris du gouvernement de la République, sera puni d'un emprisonnement d'un mois à quatre ans, et d'une amende de cent cinquante francs à cinq mille francs. La présente disposition ne peut porter atteinte au droit de discussion et de censure des actes du pouvoir exécutif et des ministres.

5. L'outrage fait publiquement d'une manière quelconque, à raison de leurs fonctions ou de leur qualité, soit à un ou plusieurs membres de l'Assemblée nationale, soit à un ministre de l'un des cultes qui reçoivent un salaire de l'Etat, sera puni d'un emprisonnement de quinze jours à deux ans, et d'une amende de cent francs à quatre mille francs.

6. Seront punis d'un emprisonnement de quinze jours à deux ans, et d'une amende de cent francs à quatre mille francs : — 1° l'enlèvement ou la dégradation des signes publics de l'autorité du gouvernement républicain, opéré en haine ou mépris de cette autorité ; — 2° le port public de tous signes extérieurs de ralliement non autorisés par la loi ou par des règlements de police ; — 3° l'exposition dans des lieux ou réunions publics, la distribution ou la mise en vente de tous signes ou symboles propres à propager l'esprit de rébellion ou à troubler la paix publique.

7. Quiconque, par l'un des moyens énoncés en l'art. 1er de la loi du 17 mai 1819, aura cherché à troubler la paix publique en excitant le mépris ou la haine des citoyens les uns contre les autres, sera puni des peines portées en l'article précédent.

8. L'art. 463 (1) du Code pénal est applicable aux délits de la presse.

8 *octobre* 1848. — DÉCRET *relatif à la majorité du jury.*

L'Assemblée nationale a adopté et le chef du pouvoir exécutif promulgue le décret dont la teneur suit :

ARTICLE 1. L'article 347 (2) du Code d'instruction criminelle sera modifié comme il suit : — La déclaration du jury contre l'accusé se formera sur le fait principal, sur les circonstances aggravantes, sur les questions d'excuses ou de discernement, à la majorité de plus de sept voix. La déclaration du jury énoncera cette majorité de plus de sept voix, sans pouvoir énoncer le nombre de voix ; le tout à peine de nullité. — La déclaration des circonstances atténuantes aura lieu à la simple majorité.

2. L'art. 4 du décret du 6 mars 1848 est abrogé.

13 *décembre* 1848. — LOI *sur la Contrainte par corps* (3).

L'ASSEMBLÉE NATIONALE A ADOPTÉ ET LE PRÉSIDENT DE L'ASSEMBLÉE PROMULGUE LA LOI dont la teneur suit :

ARTICLE 1er. Le décret du 9 mars 1848, qui suspend l'exercice de la contrainte par corps, cesse d'avoir son effet.

La législation antérieure sur la contrainte par corps est remise en vigueur sous les modifications suivantes.

Titre I. — Dispositions relatives à la Contrainte par corps en matière civile.

2. A l'avenir, la contrainte par corps ne pourra être stipulée dans un acte de bail pour le paiement des fermages des biens ruraux.

---

(1) Voy. *Circonstances atténuantes.*
(2) Voy. *Cour d'assises.*
(3) Voy. *Contrainte par corps.*

3. Les greffiers, les commissaires-priseurs et les gardes du commerce seront, comme les notaires, les avoués et les huissiers, soumis à la contrainte par corps dans les cas prévus par le paragraphe 7 de l'art. 2060 du Code civil.

Titre II. — Dispositions relatives à la Contrainte par corps en matière commerciale.

4. L'emprisonnement pour dette commerciale cessera de plein droit après trois mois, lorsque le montant de la condamnation en principal ne s'élèvera pas à 500 fr. ; après six mois, lorsqu'il ne s'élèvera pas à 1,000 fr. ; après neuf mois, lorsqu'il ne s'élèvera pas à 1,500 fr.; après un an, lorsqu'il ne s'élèvera pas à 2,000 fr.

L'augmentation se fera ainsi de trois mois en trois mois pour chaque somme en sus qui ne dépassera pas 500 fr., sans pouvoir excéder trois années pour les sommes de 6,000 fr. et au-dessus.

5. Pour toute condamnation en principal au-dessous de 500 fr., même en matière de lettre de change et de billet à ordre, le jugement pourra suspendre l'exercice de la contrainte par corps, pendant trois mois au plus, à compter de l'échéance de la dette.

6. A l'avenir, les dispositions des art. 24 et 25 de la loi du 17 avril 1832 seront applicables aux matières commerciales.

Titre III. — Dispositions communes aux dettes civiles et aux dettes commerciales.

7. Le débiteur contre lequel la contrainte par corps aura été prononcée par jugement des tribunaux civils ou de commerce, conservera le droit d'interjeter appel du chef de la contrainte, dans les trois jours qui suivront l'emprisonnement ou la recommandation, lors même qu'il aurait acquiescé au jugement et que les délais ordinaires de l'appel seraient expirés. Le débiteur restera en état.

Titre IV. Dispositions relatives à la Contrainte par corps en matière criminelle, correctionnelle et de police.

8. La durée de la contrainte par corps, dans les cas prévus par l'art. 35 de la loi du 17 avril 1832, ne pourra excéder trois mois.

Lorsque les condamnations auront été prononcées au profit d'une partie civile et qu'elles seront inférieures à 300 fr., si le débiteur fait les justifications prescrites par l'art. 39 de la même loi, la durée de l'emprisonnement sera la même que pour les condamnations prononcées au profit de l'Etat.

Lorsque le débiteur de l'Etat ou de la partie civile ne fera pas les. justifications exigées par les articles ci-dessus indiqués de la loi du 17 avril 1832, et par le paragraphe 2 de l'art. 420 du Code d'instruction criminelle, la durée de l'emprisonnement sera du double.

9. Si le débiteur a commencé sa soixante-dixième année avant le jugement, la contrainte par corps sera déterminée dans la limite de trois mois à trois ans.

S'il a atteint sa soixante-dixième année avant d'être écroué, ou pendant son emprisonnement, la durée de la contrainte sera, de plein droit, réduite à la moitié du temps qui restera à courir.

Titre V. — Dispositions générales.

10. La contrainte par corps ne peut être prononcée ni exécutée au profit de l'oncle ou de la tante, du grand oncle ou de la grand'tante, du neveu ou de la nièce, du petit-neveu ou de la petite-nièce, ni des alliés au même degré.

11. En aucune matière, la contrainte par corps ne pourra être exercée simultanément contre le mari et la femme, même pour des dettes différentes.

Les tribunaux pourront, dans l'intérêt des enfants mineurs du débiteur et par le jugement de condamnation, surseoir, pendant une année au plus, à l'exécution de la contrainte par corps.

12. Dans tous les cas où la durée de la contrainte par corps n'est pas déterminée par la présente loi, elle sera fixée par le jugement de condamnation dans les limites de six mois à cinq ans.

Néanmoins, les lois spéciales qui assignent à la contrainte une durée moindre continueront d'être observées.

Titre VI. — Dispositions transitoires.

13. Les débiteurs mis en liberté par suite du décret du 9 mars 1848, et à l'égard desquels la contrainte par corps est maintenue, pourront être écroués de nouveau, à la requête de leurs créanciers, huit jours après une simple mise en demeure, mais ils profiteront des dispositions de la présente loi.

14. Les dettes antérieures ou postérieures au décret du 9 mars qui, d'après la législation en vigueur avant cette époque, entraînaient la contrainte par corps, continueront à produire cet effet, dans les cas où elle demeure autorisée par la présente loi, et les jugements qui l'auront prononcée recevront leur exécution, sous les restrictions prononcées par les articles précédents.

15. Dans les trois mois qui suivront la promulgation de la présente loi, un arrêté du pouvoir exécutif, rendu dans la forme des règlements d'administration publique, modifiera le tarif des frais en matière de contrainte par corps.

15 *mars* 1849. — LOI *sur les élections.*

Titre VI. — Dispositions pénales.

98. Toute personne qui se sera fait inscrire sur la liste électorale sous de faux noms ou de faussesqualités, ou aura, en se faisant inscrire, dissimulé une incapacité prévue par la loi, ou aura réclamé et obtenu son inscription sur deux ou plusieurs listes, sera punie d'un emprisonnement d'un mois à un an, et d'une amende de cent francs à mille francs.

99. Celui qui, déchu du droit de voter, soit par suite d'une condamnation judiciaire, soit par suite d'une faillite non suivie de concordat, d'excuse déclarée par jugement, ou de réhabilitation, aura voté, soit en vertu d'une inscription sur les listes antérieures à sa déchéance, soit en vertu d'une inscription postérieure, mais opérée sans sa participation, sera puni d'un emprisonnement de quinze jours à trois mois et d'une amende de cinquante francs à cinq cents francs.

100. Quiconque aura voté dans une assemblée électorale, soit en vertu d'une inscription obtenue dans les deux premiers cas prévus par l'article 98, soit en prenant faussement les noms et qualités d'un électeur inscrit, sera puni d'un emprisonnement de six mois à deux ans, et d'une amende de deux cents francs à deux mille francs.

101. Sera puni de la même peine tout citoyen qui aura profité d'une inscription multiple pour voter plus d'une fois.

102. Quiconque, étant chargé dans un scrutin de recevoir, compter ou dépouiller les bulletins contenant les suffrages des citoyens, aura soustrait, ajouté ou altéré des bulletins, ou lu des noms autres que ceux inscrits, sera puni d'un emprisonnement d'un an à cinq ans et d'une amende de cinq cents francs à cinq mille francs.

103. La même peine sera appliquée à tout individu qui, chargé par un électeur d'écrire son suffrage, aura inscrit sur le bulletin des noms autres que ceux qui lui étaient désignés.

104. L'entrée dans l'assemblée électorale avec armes apparentes sera punie d'une amende de seize francs à cent francs. — La peine sera d'un emprisonnement de quinze jours à trois mois et d'une amende de cinquante francs à trois cents francs si les armes étaient cachées.

105. Quiconque aura donné, promis ou reçu des deniers, effets ou valeurs quelconques, sous la condition soit de donner ou de procurer un suffrage, soit de s'abstenir de voter, sera puni d'un emprisonnement de trois mois à deux ans, et d'une amende de cinq cents francs à cinq mille francs. — Seront punis des mêmes peines ceux qui, sous les mêmes conditions, auront fait ou accepté l'offre ou la promesse d'emplois publics ou privés, ou de tout autre avantage, soit individuel, soit collectif. — Si le coupable est fonctionnaire public, la peine sera du double.

106. Ceux qui, soit par voies de fait, violences ou menaces contre un électeur, soit en lui faisant craindre de perdre son emploi, ou d'exposer à un dommage sa personne, sa famille ou sa fortune, l'auront déterminé ou auront tenté de le déterminer à s'abstenir de voter, ou auront soit influencé, soit tenté d'influencer son vote, seront punis d'un emprisonnement d'un mois à un an, et d'une amende de cent francs à deux mille francs. — La peine sera du double si le coupable est fonctionnaire public.

107. Ceux qui, à l'aide de fausses nouvelles, bruits calomnieux, ou autres manœuvres frauduleuses, auront surpris ou détourné, tenté de surprendre ou de détourner des suffrages, déterminé ou tenté de déterminer un ou plusieurs électeurs à s'abstenir de voter, seront punis d'un emprisonnement d'un mois à un an, et d'une amende de cent francs à deux mille francs.

108. Lorsque, par attroupements, clameurs ou démonstrations menaçantes, on aura troublé les opérations d'un collége électoral, porté ou tenté de porter atteinte à l'exercice du droit électoral, ou à la liberté du vote, les coupables seront punis d'un emprisonnement de trois mois à deux ans, et d'une amende de cent francs à deux mille francs.

109. Toute irruption dans un collége électoral consommée ou tentée avec violence, en vue d'interdire ou d'empêcher un choix, sera punie d'un emprisonnement d'un an à cinq ans, et d'une amende de mille francs à cinq mille francs.

110. Si les coupables étaient porteurs d'armes, ou si le scrutin a été violé, la peine sera la réclusion.

111. Elle sera des travaux forcés à temps si le crime a été commis par suite d'un plan concerté pour être exécuté, soit dans toute la République, soit dans un ou plusieurs départements, soit dans un ou plusieurs arrondissements.

112. Les membres d'un collége électoral qui, pendant la réunion, se seront rendus coupables d'outrages ou de violence, soit envers le bureau, soit envers l'un de ses membres, ou qui, par voies de fait ou menaces, auront retardé ou empêché les opérations électorales, seront punis d'un emprisonnement d'un mois à un an, et d'une amende de cent francs à deux mille francs. — Si le scrutin a été violé, l'emprisonnement sera d'un an à cinq ans et l'amende de mille francs à cinq mille francs.

113. L'enlèvement de l'urne contenant les suffrages émis et non encore dépouillés sera puni d'un emprisonnement d'un an à cinq ans et d'une amende de mille francs à cinq mille francs. — Si cet enlèvement a été effectué en réunion et avec violence, la peine sera la réclusion.

114. La violation du scrutin faite, soit par les membres du bureau, soit par les agents

de l'autorité préposés à la garde des bulletins non encore dépouillés, sera punie de la réclusion.

115. Sera puni d'une amende de vingt-cinq francs à trois cents francs tout président de collége ou de section qui aura fermé le scrutin avant l'heure indiquée par l'art. 51 (1) de la présente loi. — Dans ce cas, les art. 116 et 117, premier paragraphe, ne seront pas appliqués.

116. Les condamnations encourues en vertu des articles précédents emporteront l'interdiction du droit d'élire et d'être élu. — Cette interdiction sera prononcée par le même arrêt pour un an au moins et cinq ans au plus.

117. Les crimes et délits prévus par la présente loi seront jugés par la cour d'assises. — L'art. 463 (2) du Code pénal leur est applicable. — Lorsque en matière de délits, le jury aura reconnu l'existence de circonstances atténuantes, la peine prononcée par la cour ne s'élèvera jamais au-dessus du minimum déterminé par la présente loi. — Dans le même cas, la cour pourra ne pas prononcer l'interdiction du droit d'élire ou d'être élu.

118. En cas de conviction de plusieurs crimes ou délits prévus par la présente loi et commis antérieurement au premier acte de poursuites, la peine la plus forte sera seule appliquée.

119. Si le crime ou délit est imputé à un agent du gouvernement, la poursuite aura lieu sans qu'il soit besoin d'une autorisation préalable.

120. Si le fonctionnaire inculpé est renvoyé de la plainte, la partie civile pourra, selon les circonstances, être condamnée à une amende de cent francs à cinq mille francs, et aux dommages et intérêts. — Le jury statuera sur le point de savoir s'il y a lieu à amende ; il prononcera de plus, mais à la simple majorité, sur le chiffre des dommages-intérêts, dans tous les cas où il en aura été demandé, soit par la partie civile, soit par l'accusé.

121. L'action publique et l'action civile seront prescrites après trois mois, à partir du jour de la proclamation du résultat de l'élection.

122. La condamnation, s'il en est prononcé, ne pourra, en aucun cas, avoir pour effet d'annuler l'élection déclarée valide par les pouvoirs compétents, ou devenue définitive par l'absence de toute protestation régulière formée dans les délais voulus par les lois spéciales.

123. Les électeurs du collége qui aura procédé à l'élection à l'occasion de laquelle les crimes ou délits auront été commis, auront seuls qualité pour porter plainte ; toutefois, leur défaut d'action ne portera aucun préjudice à l'action publique.

124. Les lois antérieures sont abrogées en ce qu'elles ont de contraire aux dispositions de la présente loi.

9 *juin* 1849. — LOI *sur les Clubs* (3).

ARTICLE 1er. Le gouvernement est autorisé, pendant l'année qui suivra la promulgation de la présente loi, à interdire les clubs et autres réunions publiques qui seraient de nature à compromettre la sécurité publique.

(1) L'art. 51 est ainsi conçu :
« Le scrutin reste ouvert pendant deux jours : le premier jour depuis huit heures du matin jusqu'à six heures du soir, et le second jour depuis huit heures du matin jusqu'à quatre heures du soir. »

(2) V. *Circonstances atténuantes.*

(3) Le décret du 28 juillet 1848 sur les clubs se trouve virtuellement abrogé par la loi du 9 juin 1849.

2. Avant l'expiration de ce délai, il sera présenté à l'Assemblée nationale un projet de loi qui, en interdisant les clubs, réglera l'exercice du droit de réunion.

3. Il sera rendu compte à l'Assemblée nationale, à l'expiration de ce délai, de l'exécution qu'aura reçue la présente loi.

27 *juillet* 1849. — LOI *sur la Presse.*

CHAP. I. — DÉLITS COMMIS PAR LA VOIE DE LA PRESSE OU PAR TOUTE AUTRE VOIE DE PUBLICATION.

ARTICLE 1er. Les articles 1 et 2 du décret du 11 août 1848 sont applicables aux attaques contre les droits et l'autorité que le Président de la République tient de la Constitution, et aux offenses envers sa personne. — La poursuite sera exercée d'office par le ministère public.

2. Toute provocation par l'un des moyens énoncés en l'article 1er de la loi du 17 mai 1819 (1), adressée aux militaires des armées de terre et de mer, dans le but de les détourner de leurs devoirs militaires et de l'obéissance qu'ils doivent à leurs chefs, sera punie d'un emprisonnement d'un mois à deux ans, et d'une amende de vingt-cinq francs à quatre mille francs, sans préjudice des peines plus graves prononcées par la loi, lorsque le fait constituera une tentative d'embauchage ou une provocation à une action qualifiée crime ou délit.

3. Toute attaque par l'un des mêmes moyens contre le respect dû aux lois et l'inviolabilité des droits qu'elles ont consacrés, toute apologie de faits qualifiés crimes ou délits par la loi pénale, sera punie d'un emprisonnement d'un mois à deux ans, et d'une amende de seize francs à mille francs.

4. La publication ou reproduction, faite de mauvaise foi, de nouvelles fausses, de pièces fabriquées, falsifiées, ou mensongèrement attribuées à des tiers, lorsque ces nouvelles ou pièces seront de nature à troubler la paix publique, sera punie d'un emprisonnement d'un mois à un an, et d'une amende de cinquante francs à mille francs.

5. Il est interdit d'ouvrir ou annoncer publiquement des souscriptions ayant pour objet d'indemniser des amendes, frais, dommages et intérêts prononcés par des condamnations judiciaires. La contravention sera punie, par le tribunal correctionnel, d'un emprisonnement d'un mois à un an et d'une amende de cinq cents francs à mille francs.

6. Tous distributeurs ou colporteurs de livres, écrits, brochures, gravures et lithographies, devront être pourvus d'une autorisation qui leur sera délivrée, pour le département de la Seine, par le préfet de police, et, pour les autres départements, par les préfets.

Ces autorisations pourront toujours être retirées par les autorités qui les auront délivrées.

Les contrevenants seront condamnés, par les tribunaux correctionnels, à un emprisonnement d'un mois à six mois, et à une amende de vingt-cinq francs à cinq cents francs, sans préjudice des poursuites qui pourraient être dirigées pour crimes ou délits, soit contre les auteurs ou éditeurs de ces écrits, soit contre les distributeurs ou colporteurs eux-mêmes.

7. Indépendamment du dépôt prescrit par la loi du 21 octobre 1814 (2), tous écrits

---

(1) Voy. *Presse.*

(2) Voy. *Presse.*

traitant de matières politiques ou d'économie sociale et ayant moins de dix feuilles d'impression, autres que les journaux ou écrits périodiques, devront être déposés par l'imprimeur, au parquet du procureur de la République du lieu de l'impression, vingt-quatre heures avant toute publication et distribution.

L'imprimeur devra déclarer, au moment du dépôt, le nombre d'exemplaires qu'il aura tirés.

Il sera donné récépissé de la déclaration.

Toute contravention aux dispositions du présent article sera punie, par le tribunal de police correctionnelle, d'une amende de cent francs à cinq cents francs.

CHAP. II. — DISPOSITIONS RELATIVES AUX JOURNAUX ET ÉCRITS PÉRIODIQUES.

8. Le décret du 9 août 1848 (1), relatif au cautionnement des journaux et écrits périodiques, est prorogé jusqu'à la promulgation de la loi organique sur la presse.

9. Aucun journal ou écrit périodique ne pourra être signé par un représentant du peuple en qualité de gérant responsable. En cas de contravention, le journal sera considéré comme non signé, et la peine de cinq cents francs à trois mille francs d'amende sera prononcée contre les imprimeurs et propriétaires.

10. Il est interdit de publier les actes d'accusation et aucun acte de procédure criminelle avant qu'ils aient été lus en audience publique, sous peine d'une amende de cent francs à deux mille francs.

En cas de récidive commise dans l'année, l'amende pourra être portée au double, et le coupable condamné à un emprisonnement de dix jours à six mois.

11. Il est interdit de rendre compte des procès pour outrages ou injures et des procès en diffamation où la preuve des faits diffamatoires n'est pas admise par la loi.

La plainte pourra seulement être annoncée sur la demande du plaignant. Dans tous les cas, le jugement pourra être publié.

Il est interdit de publier les noms des jurés, excepté dans le compte-rendu de l'audience où le jury aura être constitué;

De rendre compte des délibérations intérieures, soit des jurés, soit des cours et tribunaux.

L'infraction à ces dispositions sera punie d'une amende de deux cents francs à trois mille francs.

En cas de récidive commise dans l'année, la peine pourra être portée au double.

12. Les infractions aux dispositions des deux articles précédents seront poursuivies devant les tribunaux de police correctionnelle.

13. Tout gérant sera tenu d'insérer en tête du journal les documents officiels, relations authentiques, renseignements et rectifications qui lui seront adressés par tout dépositaire de l'autorité publique. La publication devra avoir lieu le lendemain de la réception des pièces, sous la seule condition du paiement des frais d'insertion. Toute autre insertion réclamée par le gouvernement, par l'intermédiaire des préfets, sera faite de la même manière, sous la même condition, dans le numéro qui suivra le jour de la réception des pièces. Les contrevenants seront punis, par les tribunaux de police correctionnelle, d'une amende de cinquante à cinq cents francs.

L'insertion sera gratuite pour les réponses et rectifications prévues par l'article 11 de la loi du 25 mars 1822 (2), lorsqu'elles ne dépasseront pas le double de la longueur des

---

(1) V. *suprà*, et ci-après la loi du 16 juillet 1850.

(2) V. *Presse.*

articles qui les auront provoquées; dans le cas contraire, le prix d'insertion sera dû pour le surplus seulement.

14. En cas de condamnation du gérant pour crime, délit ou contravention de la presse, la publication du journal ou écrit périodique ne pourra avoir lieu, pendant toute la durée des peines d'emprisonnement et d'interdiction des droits civiques et civils, que par un autre gérant remplissant toutes les conditions exigées par la loi. Si le journal n'a qu'un gérant, les propriétaires auront un mois pour en présenter un nouveau, et, dans l'intervalle, ils seront tenus de désigner un rédacteur responsable. Le cautionnement entier demeurera affecté à cette responsabilité.

15. La suspension autorisée par l'article 15 de la loi du 18 juillet 1828 (1), pourra être prononcée par les cours d'assises, toutes les fois qu'une deuxième ou ultérieure condamnation pour crime ou délit sera encourue, dans la même année, par le même gérant ou par le même journal.

La suspension pourra être prononcée, même par un premier arrêt de condamnation, lorsque cette condamnation sera encourue pour provocation à l'un des crimes prévus par les articles 87 et 91 du Code pénal (2).

Dans ce dernier cas, l'article 28 de la loi du 26 mai 1819 cessera d'être applicable (3).

CHAP. III. — DE LA POURSUITE.

16. Le ministère public aura la faculté de faire citer directement à trois jours, outre un jour par cinq myriamètres de distance, les prévenus devant la Cour d'assises, même après qu'il y aura eu saisie.

La citation contiendra l'indication précise de l'écrit ou des écrits, des imprimés, placards, dessins, gravures, peintures, médailles ou emblèmes incriminés, ainsi que l'articulation et la qualification des délits qui ont donné lieu à la poursuite.

Dans le cas où une saisie aurait été ordonnée ou exécutée, copie de l'ordonnance ou du procès-verbal de ladite saisie sera notifiée au prévenu en tête de la citation, à peine de nullité.

17. Si le prévenu ne comparaît pas au jour fixé pour la citation, il sera jugé par défaut par la cour d'assises, sans assistance ni intervention de jurés.

L'opposition à l'arrêt par défaut devra être formée dans les trois jours de la signification à personne ou à domicile, outre un jour par cinq myriamètres de distance, à peine de nullité.

L'opposition emportera de plein droit citation à la première audience.

Si, à l'audience où il doit être statué sur l'opposition, le prévenu n'est pas présent, le nouvel arrêt rendu par la cour sera définitif.

18. Toute demande en renvoi, pour quelque cause que ce soit, tout incident sur la procédure suivie, devront être présentés avant l'appel et le tirage au sort des jurés, à peine de forclusion.

19. Après l'appel et le tirage au sort des jurés, le prévenu, s'il a été présent à ces opérations, ne pourra plus faire défaut.

En conséquence, tout arrêt qui interviendra, soit sur la forme, soit sur le fond, sera définitif, quand bien même le prévenu se retirerait de l'audience et refuserait de se défendre. Dans ce cas, il sera procédé avec le concours du jury, et comme si le prévenu était présent.

---

(1) V. *Presse*.
(2) V. *Sûreté de l'état*.
(3) V. *Presse*.

20. Aucun pourvoi en cassation sur les arrêts qui auront statué, soit sur les demandes en renvoi, soit sur les incidents de procédure, ne pourra être formé qu'après l'arrêt définitif, et en même temps que le pourvoi contre cet arrêt, à peine de nullité.

21. Le pourvoi en cassation devra être formé dans les 24 heures au greffe de la cour d'assises; vingt quatre heures après, les pièces seront envoyées à la cour de cassation. Dans les dix jours qui suivront l'arrivée des pièces au greffe de la cour de cassation, l'affaire sera instruite et jugée d'urgence. toutes autres affaires cessantes.

22. Si au moment où le ministère public exerce son action, la session de la cour d'assises est terminée, et s'il ne doit pas s'en ouvrir d'autres à une époque rapprochée, il pourra être formé une cour d'assises extraordinaire par ordonnance motivée du premier président. Cette ordonnance prescrira le tirage au sort des jurés, conformément à la loi.

Les dispositions de l'article 81 du décret du 6 juillet 1810 (1) seront applicables aux cours d'assises extraordinaires formées en exécution du paragraphe précédent.

23. L'article 463 (2) du Code pénal est applicable aux délits prévus par la présente loi.

Lorsqu'en matière de délits, le jury aura déclaré l'existence des circonstances atténuantes, la peine ne s'élèvera jamais au-dessus de moitié du maximum déterminé par la loi.

9 *août* 1849. — LOI *sur l'Etat de siége.*

L'ASSEMBLÉE NATIONALE LÉGISLATIVE A ADOPTÉ LA LOI dont la teneur suit :

CHAP. 1er. — DES CAS OU L'ÉTAT DE SIÉGE PEUT ÊTRE DÉCLARÉ.

ARTICLE 1er. L'état de siége ne peut être déclaré qu'en cas de péril imminent pour la sécurité intérieure ou extérieure.

CHAP. II. — DES FORMES DE LA DÉCLARATION DE L'ÉTAT DE SIÉGE.

2. L'Assemblée nationale peut seule déclarer l'état de siége, sauf les exceptions ci-après. — La déclaration de l'état de siége désigne les communes, les arrondissements ou départements auxquels il s'applique et pourra être étendu.

3. Dans le cas de prorogation de l'Assemblée nationale, le Président de la République peut déclarer l'état de siége, de l'avis du conseil des ministres. — Le Président, lorsqu'il a déclaré l'état de siége, doit immédiatement en informer la commission instituée en vertu de l'article 32 de la Constitution, et, selon la gravité des circonstances, convoquer l'Assemblée nationale.

La prorogation de l'Assemblée cesse de plein droit lorsque Paris est déclaré en état de siége.

L'Assemblée nationale, dès qu'elle est réunie, maintient ou lève l'état de siége.

4. Dans les colonies françaises, la déclaration de l'état de siége est faite par le gouverneur de la colonie.

Il doit en rendre compte immédiatement au Gouvernement.

---

(1) V. *Organisation et Discipline judiciaire.*

(2) V. *Circonstances atténuantes.*

5. Dans les places de guerre et postes militaires, soit de la frontière, soit de l'intérieur, la déclaration de l'état de siége peut être faite par le commandant militaire, dans les cas prévus par la loi du 10 juillet 1791 et par le décret du 24 décembre 1811 (1).

Le commandant en rend compte immédiatement au Gouvernement.

6. Dans le cas des deux articles précédents, si le Président de la République ne croit pas devoir lever l'état de siége, il en propose sans délai le maintien à l'Assemblée nationale.

CHAP. III. — DES EFFETS DE L'ÉTAT DE SIÉGE.

7. Aussitôt l'état de siége déclaré, les pouvoirs dont l'autorité civile était revêtue pour le maintien de l'ordre et de la police passent tout entiers à l'autorité militaire.

L'autorité civile continue néanmoins à exercer ceux de ces pouvoirs dont l'autorité militaire ne l'a pas dessaisie.

8. Les tribunaux militaires peuvent être saisis de la connaissance des crimes et délits contre la sûreté de la République, contre la Constitution, contre l'ordre et la paix publique, quelle que soit la qualité des auteurs principaux et des complices.

9. L'autorité militaire a le droit 1° de faire des perquisitions, de jour et de nuit, dans le domicile des citoyens; — 2° d'éloigner les repris de justice et les individus qui n'ont pas leur domicile dans les lieux soumis à l'état de siége; — 3° d'ordonner la remise des armes et munitions, et de procéder à leur recherche et à leur enlèvement; — 4° d'interdire les publications et les réunions qu'elle juge de nature à exciter ou à entretenir le désordre.

10. Dans les lieux énoncés en l'article 5, les effets de l'état de siége continuent, en outre, en cas de guerre étrangère, à être déterminés par les dispositions de la loi du 10 juillet 1791 et du décret du 24 décembre 1811 (2).

11. Les citoyens continuent, nonobstant l'état de siége, à exercer tous ceux des droits garantis par la Constitution dont la jouissance n'est pas suspendue en vertu des articles précédents.

CHAP. IV. — DE LA LEVÉE DE L'ÉTAT DE SIÉGE.

12. L'Assemblée nationale a seule le droit de lever l'état de siége, lorsqu'il a été déclaré ou maintenu par elle.

Néanmoins, en cas de prorogation, ce droit appartiendra au Président de la République.

L'état de siége, déclaré conformément aux articles 3, 4 et 5, peut être levé par le Président de la République, tant qu'il n'a pas été maintenu par l'Assemblée nationale.

L'état de siége, déclaré conformément à l'article 4, pourra être levé par les gouverneurs des colonies, aussitôt qu'ils croiront la tranquillité suffisamment rétablie.

13. Après la levée de l'état de siége, les tribunaux militaires continuent de connaître des crimes et délits dont la poursuite leur avait été déférée.

15 *octobre* 1849. — LOI *qui prononce des Peines contre les individus qui feraient usage du Timbre-Poste ayant déjà servi à l'affranchissement des lettres.*

L'Assemblée législative a adopté la loi dont la teneur suit :

ARTICLE UNIQUE. Quiconque aura sciemment fait usage d'un timbre-poste ayant

---

(1) V. *Places de guerre.*

(2) V. *Places de guerre.*

déjà servi à l'affranchissement d'une lettre, sera puni d'une amende de cinquante francs à mille francs.

En cas de récidive, la peine sera d'un emprisonnement de cinq jours à un mois, et l'amende sera doublée.

Sera punie des mêmes peines, suivant les distinctions sus établies, la vente ou tentative de vente d'un timbre-poste ayant déjà servi.

L'article 463 (1) du Code pénal sera applicable dans les divers cas prévus par le présent article de loi.

2 *janvier* 1850. — LOI *qui modifie l'art.* 472 *du Code d'instruction criminelle.*

L'ASSEMBLÉE NATIONALE LÉGISLATIVE A ADOPTÉ D'URGENCE LA LOI dont la teneur suit :

L'art. 472 (2) du Code d'instruction criminelle est modifié ainsi qu'il suit :

« Extrait du jugement de condamnation sera dans les huit jours de la prononciation, « à la diligence du procureur-général ou de son substitut, inséré dans l'un des jour- « naux du département du dernier domicile du condamné. — Il sera affiché, en outre, « 1° à la porte de ce dernier domicile ; 2° de la maison commune du chef-lieu d'ar- « rondissement où le crime a été commis ; 3° du prétoire de la cour d'assises. — Pa- « reil extrait sera, dans le même délai, adressé au directeur de l'administration de « l'enregistrement et des domaines du domicile du coutumax. — Les effets que la loi « attache à l'exécution par effigie seront produits à partir de la date du dernier pro- « cès-verbal constatant l'accomplissement de la formalité de l'affiche prescrite par le « présent article. »

27 *novembre*, 5 *décembre* 1849 *et* 27 *février* 1850. — LOI *relative aux Commissaires et Sous-Commissaires préposés à la surveillance des Chemins de fer.*

L'ASSEMBLÉE NATIONALE A ADOPTÉ LA LOI dont la teneur suit :

ARTICLE Ier. Les commissaires et sous commissaires spécialement préposés à la surveillance des chemins de fer sont nommés par le ministre des travaux publics.

2. Un réglement d'administration publique déterminera les conditions et le mode de leur nomination et de leur avancement.

3. Ils ont, pour la constatation des crimes, délits et contraventions commis dans l'enceinte des chemins de fer et de leurs dépendances, les pouvoirs d'officiers de police judiciaire (3).

4. Ils sont, en cette qualité, sous la surveillance du procureur de la République, et lui adressent directement leurs procès-verbaux.

Néanmoins, ils adressent aux ingénieurs, sous les ordres desquels ils continuent à exercer leurs fonctions, les procès-verbaux qui constatent les contraventions à la grande voirie, et en double original aux procureurs de la République et aux ingénieurs, ceux qui constatent des infractions aux réglements de l'exploitation.

Dans la huitaine du jour où ils auront reçu les procès-verbaux constatant des infractions aux réglements de l'exploitation, les ingénieurs transmettront au procureur de la République leurs observations sur ces procès-verbaux.

---

(1) V. *Circonstances atténuantes.*
(2) V. *Contumaces.*
(3) V. *Police judiciaire.*

Dans le même délai ils transmettront au préfet les procès-verbaux qui auront été dressés pour contravention à la grande voirie.

19 *janvier*, 7 *mars et* 13 *avril* 1850. — LOI *relative à l'assainissement des logements insalubres.*

L'ASSEMBLÉE NATIONALE A ADOPTÉ LA LOI dont la teneur suit :

ARTICLE Ier. Dans toute commune où le conseil municipal l'aura déclaré nécessaire par une délibération spéciale, il nommera une commission chargée de rechercher et indiquer les mesures indispensables d'assainissement des logements et dépendances insalubres mis en location ou occupés par d'autres que le propriétaire, l'usufruitier ou l'usager. — Sont réputés insalubres les logements qui se trouvent dans des conditions de nature à porter atteinte à la vie ou à la santé de leurs habitants.

2. La commission se composera de neuf membres au plus, et de cinq au moins. — En feront nécessairement partie un médecin et un architecte ou tout autre homme de l'art, ainsi qu'un membre du bureau de bienfaisance et du conseil des prud'hommes, si ces institutions existent dans la commune. — La présidence appartient au maire ou à l'adjoint. — Le médecin et l'architecte pourront être choisis hors de la commune. — La commission se renouvelle tous les deux ans par tiers ; les membres sortants sont indéfiniment rééligibles. — A Paris, la commission se compose de douze membres.

3. La commission visitera les lieux signalés comme insalubres. Elle déterminera l'état d'insalubrité, et en indiquera les causes, ainsi que les moyens d'y remédier. Elle désignera les logements qui ne seraient pas susceptibles d'assainissement.

4. Les rapports de la commission seront déposés au secrétariat de la mairie, et les parties intéressées mises en demeure d'en prendre communication et de produire leurs observations dans le délai d'un mois.

5. A l'expiration de ce délai, les rapports et observations seront soumis au conseil municipal, qui déterminera. — 1° Les travaux d'assainissement et les lieux où ils devront être entièrement ou partiellement exécutés, ainsi que les délais de leur achèvement ; — 2° Les habitations qui ne sont pas susceptibles d'assainissement.

6. Un recours est ouvert aux intéressés contre ces décisions devant le conseil de préfecture, dans le délai d'un mois à dater de la notification de l'arrêté municipal. Ce recours sera suspensif.

7. En vertu de la décision du conseil municipal ou de celle du conseil de préfecture, en cas de recours, s'il a été reconnu que les causes d'insalubrité sont dépendantes du fait du propriétaire ou de l'usufruitier, l'autorité municipale lui enjoindra, par mesure d'ordre et de police, d'exécuter les travaux jugés nécessaires.

8. Les ouvertures pratiquées pour l'exécution des travaux d'assainissement seront exemptées, pendant trois ans, de la contribution des portes et fenêtres.

9. En cas d'inexécution, dans les délais déterminés, des travaux jugés nécessaires, et si le logement continue d'être occupé par un tiers, le propriétaire ou l'usufruitier sera passible d'une amende de seize francs à cent francs. Si les travaux n'ont pas été exécutés dans l'année qui aura suivi la condamnation, et si le logement insalubre a continué d'être occupé par un tiers, le propriétaire ou l'usufruitier sera passible d'une amende égale à la valeur des travaux, et pouvant être élevée au double.

10. S'il est reconnu que le logement n'est pas susceptible d'assainissement, et que les causes d'insalubrité sont dépendantes de l'habitation elle-même, l'autorité municipale pourra, dans le délai qu'elle fixera, en interdire provisoirement la location à titre

d'habitation. — L'interdiction absolue ne pourra être prononcée que par le conseil de préfecture, et, dans ce cas, il y aura recours de sa décision devant le Conseil d'état.

Le propriétaire ou l'usufruitier qui aura contrevenu à l'interdiction prononcée, sera condamné à une amende de seize à cent francs, et, en cas de récidive dans l'année, à une amende égale au double de la valeur locative du logement interdit.

11. Lorsque, par suite de l'exécution de la présente loi, il y aura lieu à résiliation des baux, cette résiliation n'emportera en faveur du locataire aucuns dommages-intérêts.

12. L'article 463 (1) du Code pénal sera applicable à toutes les contraventions ci-dessus indiquées.

13. Lorsque l'insalubrité est le résultat de causes extérieures et permanentes, ou lorsque ces causes ne peuvent être détruites que par des travaux d'ensemble, la commune pourra acquérir, suivant les formes et après l'accomplissement des formalités prescrites par la loi du 3 mai 1841 (2), la totalité des propriétés comprises dans le périmètre des travaux.

Les portions de ces propriétés qui, après l'assainissement opéré, resteraient en dehors des alignements arrêtés pour les nouvelles constructions, pourront être revendues aux enchères publiques, sans que, dans ce cas, les anciens propriétaires ou leurs ayants droit puissent demander l'application des articles 60 et 61 de la loi du 3 mai 1841.

14. Les amendes prononcées en vertu de la présente loi seront attribuées en entier au bureau ou établissement de bienfaisance de la localité où sont situées les habitations à raison desquelles ces amendes auront été encourues.

6 *juin* 1850. — LOI *portant prorogation de la loi du 22 juin 1849, sur les Clubs et autres Réunions publiques.*

Art. 1er. La loi du 22 juin 1849, (3) sur les clubs et autres réunions publiques, est prorogée jusqu'au 22 juin 1851.

2. Les dispositions de cette loi sont applicables aux réunions électorales qui seraient de nature à compromettre la sécurité publique.

3. Il sera rendu compte à l'Assemblée nationale, à l'expiration du délai fixé par l'article 1er, de l'exécution qu'aura reçue la présente loi.

5, 22 *avril et* 8 *juin* 1850. — LOI *sur la Déportation.*

L'Assemblée nationale a adopté la loi dont la teneur suit :

Art. 1er Dans tous les cas où la peine de mort est abolie par l'article 5 de la Constitution, cette peine est remplacée par celle de la déportation dans une enceinte fortifiée, désignée par la loi, hors du territoire continental de la République.

Les déportés y jouiront de toute la liberté compatible avec la nécessité d'assurer la garde de leurs personnes.

Ils seront soumis à un régime de police et de surveillance déterminé par un règlement d'administration publique.

2. En cas de déclaration de circonstances atténuantes, si la peine prononcée par la loi est celle de la déportation dans une enceinte fortifiée, les juges appliqueront celle

(1) V. *Circonstances atténuantes.*
(2) V. *Expropriation.*
(3) V. *suprà.*

de la déportation simple ou celle de la détention ; mais, dans les cas prévus par les articles 86, 96 et 97 (1) du Code pénal, la peine de la déportation simple sera seule appliquée.

3. En aucun cas, la condamnation à la déportation n'emporte la mort civile : elle entraîne la dégradation civique.

De plus, tant qu'une loi nouvelle n'aura pas statué sur les effets civils des peines perpétuelles, les déportés seront en état d'interdiction légale, conformément aux articles 29 et 31 du Code pénal (2).

Néanmoins, hors le cas de déportation dans une enceinte fortifiée, les condamnés auront l'exercice des droits civils dans le lieu de déportation.

Il pourra leur être remis, avec l'autorisation du Gouvernement, tout ou partie de leurs biens.

Sauf l'effet de cette remise, les actes par eux faits dans le lieu de déportation ne pourront engager ni affecter les biens qu'ils possédaient au jour de leur condamnation, ni ceux qui leur seront échus par succession ou donation.

4. La vallée de Vaïthau, aux îles Marquises, est déclarée lieu de déportation pour l'application de l'article 1er de la présente loi.

5. L'île de Noukahiva, l'une des Marquises, est déclarée lieu de déportation pour l'exécution de l'article 17 (3) du Code pénal.

6. Le Gouvernement déterminera les moyens de travail qui seront donnés aux condamnés, s'ils le demandent.

Il pourvoira à l'entretien des déportés qui ne subviendraient pas à cette dépense par leurs propres ressources.

7. Dans les cas où les lieux établis pour la déportation viendraient à être changés par la loi, les déportés seraient transférés des anciens lieux de déportation dans les nouveaux.

8. La présente loi de déportation n'est applicable qu'aux crimes commis postérieurement à sa promulgation.

11 *janvier* 1850. — LOI *relative aux Instituteurs communaux.*

ART. 1er. L'instruction primaire, dans chaque département, est spécialement placée sous la surveillance des préfets.

2. Les instituteurs communaux seront nommés par le comité d'arrondissement et choisis par lui, soit parmi les instituteurs laïques, soit parmi les instituteurs membres d'associations religieuses vouées à l'enseignement et reconnues par l'État, ou, pour les écoles appartenant aux cultes non catholiques reconnus, sur des listes de candidats présentés par les consistoires protestants ou israélites, en se conformant, relativement à cette option, au vœu exprimé par le conseil municipal de la commune. En exprimant ce vœu, ce conseil peut indiquer des candidats; néanmoins le comité peut choisir en dehors de la liste qui lui serait présentée à cet effet.

3. Dans les cas prévus par l'article 23 de la loi du 28 juin 1833, le préfet réprimande et suspend les instituteurs. Il peut, après avoir pris l'avis du comité d'arrondissement, les révoquer, sauf, en cas de révocation, le pourvoi de l'instituteur révoqué

(1) V. *Sûreté de l'état*
(2) V. *Peines.*
(3) V. *Peines.*

devant le ministre de l'instruction publique en conseil de l'Université. — Si, invité à donner son avis, le comité d'arrondissement ne l'a pas fourni dans les dix jours, le préfet peut passer outre.

4. L'instituteur révoqué ne peut continuer d'exercer ses fonctions pendant l'instruction et le jugement de son pourvoi. — La suspension est prononcée par le préfet, avec ou sans privation de traitement. — La durée de la suspension ne peut excéder six mois.

5. L'instituteur suspendu ou révoqué ne peut ouvrir une école privée dans la commune où il exerçait les fonctions qui lui ont été retirées, ni dans les communes limitrophes. — Il ne peut, sans l'autorisation spéciale du préfet, être nommé instituteur communal dans le même département.

6. Les comités d'arrondissement restent investis du droit de suspendre les instituteurs, soit d'office, soit sur la plainte du comité local, et conformément à l'article 23 de la loi du 28 juin 1833 (1).

7. Les dispositions de la loi du 28 juin 1833 restent en vigueur en tout ce qui n'est pas contraire à la présente loi.

8. La présente loi cessera d'avoir son effet de plein droit six mois après sa promulgation.

19 *janvier*, 26 *février et* 15 *mars* 1850. — LOI *sur l'Enseignement.*

Titre Ier. — Des Autorités préposées à l'Enseignement.

CHAP. Ier. — DU CONSEIL SUPÉRIEUR DE L'INSTRUCTION PUBLIQUE.

ART. 1er. Le conseil supérieur de l'instruction publique est composé comme il suit : — Le ministre, président ; — Quatre archevêques ou évêques, élus par leurs collègues ; — Un ministre de l'église réformée, élu par les consistoires ; — Un ministre de l'église de la confession d'Augsbourg, élu par les consistoires ; — Un membre du consistoire central israélite, élu par ses collègues ; — Trois conseillers d'État, élus par leurs collègues ; — Trois membres de la Cour de cassation, élus par leurs collègues ; — Trois membres de l'Institut, élus en assemblée générale de l'Institut ; — Huit membres nommés par le Président de la République, en conseil des ministres, et choisis parmi les anciens membres du conseil de l'Université, les inspecteurs généraux ou supérieurs, les recteurs et les professeurs des facultés : ces huit membres forment une section permanente ; — Trois membres de l'enseignement libre nommés par le président de la République, sur la proposition du ministre de l'instruction publique.

2. Les membres de la section permanente sont nommés à vie. — Ils ne peuvent être révoqués que par le Président de la République, en conseil des ministres, sur la proposition du ministre de l'instruction publique. — Ils reçoivent seuls un traitement.

3. Les autres membres du conseil sont nommés pour six ans.

Ils sont indéfiniment rééligibles.

4. Le conseil supérieur tient au moins quatre sessions par an. — Le ministre peut le convoquer en session extraordinaire toutes les fois qu'il le juge convenable.

5. Le conseil supérieur peut être appelé à donner son avis sur les projets de lois, de règlements et de décrets relatifs à l'enseignement, et, en général sur toutes les questions qui lui seront soumises par le ministre. — Il est nécessairement appelé à donner

---

(1) V. *Instruction publique.*

son avis : — Sur les règlements relatifs aux examens, aux concours et aux programmes d'études dans les écoles publiques, à la surveillance des écoles libres, et, en général, sur tous les arrêtés portant règlement pour les établissements d'instruction publique; — Sur la création des facultés, lycées et colléges; — Sur les secours et encouragements à accorder aux établissements libres d'instruction secondaire; — Sur les livres qui peuvent être introduits dans les écoles publiques, et sur ceux qui doivent être défendus dans les écoles libres, comme contraires à la morale, à la Constitution et aux lois.

Il prononce en dernier ressort sur les jugements rendus par les conseils académiques dans les cas déterminés par l'article 14.

Le conseil présente, chaque année, au ministre un rapport sur l'état général de l'enseignement, sur les abus qui pourraient s'introduire dans les établissements d'instruction, et sur les moyens d'y remédier.

6. La section permanente est chargée de l'examen préparatoire des questions qui se rapportent à la police, à la comptabilité et à l'administration des écoles publiques. — Elle donne son avis, toutes les fois qu'il lui est demandé par le ministre, sur les questions relatives aux droits et à l'avancement des membres du corps enseignant. — Elle présente annuellement au conseil un rapport sur l'état de l'enseignement dans les écoles publiques.

CHAP. II. — DES CONSEILS ACADÉMIQUES.

7. Il sera établi une académie dans chaque département.

8. Chaque académie est administrée par un recteur, assisté, si le ministre le juge nécessaire, d'un ou de plusieurs inspecteurs, et par un conseil académique.

9. Les recteurs ne sont pas choisis exclusivement parmi les membres de l'enseignement public. — Ils doivent avoir le grade de licencié, ou dix années d'exercice comme inspecteurs d'académie, proviseurs, censeurs, chefs ou professeurs des classes supérieures dans un établissement public ou libre.

10. Le conseil académique est composé ainsi qu'il suit :

Le recteur, président; — Un inspecteur d'académie, un fonctionnaire de l'enseignement, ou un inspecteur des écoles primaires, désigné par le ministre; — Le préfet ou son délégué; — L'évêque ou son délégué; — Un ecclésiastique désigné par l'évêque; — Un ministre de l'une des deux églises protestantes, désigné par le ministre de l'instruction publique, dans les départements où il existe une église légalement établie; — Un délégué du consistoire israélite dans chacun des départements où il existe un consistoire légalement établi; — Le procureur général près la Cour d'appel, dans les villes où siége une Cour d'appel, et, dans les autres, le procureur de la République près le tribunal de première instance; — Un membre de la Cour d'appel, élu par elle, ou, à défaut de Cour d'appel, un membre du tribunal de première instance, élu par le tribunal; — Quatre membres élus par le conseil général, dont deux au moins pris dans son sein.

Les doyens des facultés seront, en outre, appelés dans le conseil académique, avec voix délibérative, pour les affaires intéressant leurs facultés respectives.

La présence de la moitié plus un des membres est nécessaire pour la validité des délibérations du conseil académique.

11. Pour le département de la Seine, le conseil académique est composé comme il suit :

Le recteur, président; — Le préfet; — L'archevêque de Paris ou son délégué; — Trois ecclésiastiques désignés par l'archevêque; — Un ministre de l'église réformée, élu par le consistoire; — Un ministre de l'église de la confession d'Augsbourg, élu par le consistoire; — Un membre du consistoire israélite, élu par le consistoire; — Trois inspecteurs d'académie, désignés par le ministre; — Un inspecteur des écoles primaires, désigné par le ministre; — Le procureur général près la Cour d'appel, ou un membre du parquet désigné par lui; — Un membre de la Cour d'appel, élu par la Cour; — Un membre du tribunal de première instance, élu par le tribunal; — Quatre membres du conseil municipal de Paris, et deux membres du conseil général de la Seine, pris parmi ceux des arrondissements de Sceaux et de Saint-Denis, tous élus par le conseil général; — Le secrétaire général de la Préfecture du département de la Seine. — Les doyens des facultés seront, en outre, appelés dans le conseil académique, avec voix délibérative, pour les affaires intéressant leurs facultés respectives.

12. Les membres des conseils académiques dont la nomination est faite par élection sont élus pour trois ans, et indéfiniment rééligibles.

13. Les départements fourniront un local pour le service de l'administration académique.

14. Le conseil académique donne son avis. — Sur l'état des différentes écoles établies dans le département; — Sur les réformes à introduire dans l'enseignement, la discipline et l'administration des écoles publiques; — Sur les budgets et les comptes administratifs des lycées, colléges et écoles normales primaires; — Sur les secours et encouragements à accorder aux écoles primaires.

Il instruit les affaires disciplinaires relatives aux membres de l'enseignement public secondaire ou supérieur qui lui sont renvoyées par le ministre ou le recteur.

Il prononce, sauf recours au conseil supérieur, sur les affaires contentieuses relatives à l'obtention des grades, aux concours devant les facultés, à l'ouverture des écoles libres, aux droits des maîtres particuliers, et à l'exercice du droit d'enseigner; sur les poursuites dirigées contre les membres de l'instruction secondaire publique et tendant à la révocation, avec interdiction d'exercer la profession d'instituteur libre, de chef ou professeur d'établissement libre, et dans les cas déterminés par la présente loi, sur les affaires disciplinaires relatives aux instituteurs primaires, publics ou libres.

15. Le conseil académique est nécessairement consulté sur les règlements relatifs au régime intérieur des lycées, colléges et écoles normales primaires, et sur les règlements relatifs aux écoles publiques primaires. — Il fixe le taux de la rétribution scolaire, sur l'avis des conseils municipaux et des délégués cantonaux. — Il détermine les cas où les communes peuvent, à raison des circonstances, et provisoirement, établir ou conserver des écoles primaires dans lesquelles seront admis des enfants de l'un et l'autre sexe, ou des enfants appartenant aux différents cultes reconnus. — Il donne son avis au recteur, sur les récompenses à accorder aux instituteurs primaires. — Le recteur fait les propositions au ministre, et distribue les récompenses accordées.

16. Le conseil académique présente chaque année au ministre et au conseil général un exposé de la situation de l'enseignement dans le département.

Les rapports du conseil académique sont envoyés par le recteur au ministre, qui les communique au conseil supérieur.

CHAP. III. — DES ÉCOLES ET DE L'INSPECTION.

Section Ire. — Des écoles.

17. La loi reconnaît deux espèces d'écoles primaires ou secondaires : 1° Les écoles fondées ou entretenues par les communes, les départements, ou l'État, et qui prennent

le nom d'*écoles publiques* ; — 2° Les écoles fondées et entretenues par des particuliers ou des associations, et qui prennent le nom d'*écoles libres*.

Section II. — De l'Inspection.

18. L'inspection des établissements d'instruction publique ou libre est exercée : 1° Par les inspecteurs généraux et supérieurs ; — 2° Par les recteurs et les inspecteurs d'académie ;—3° Par les inspecteurs de l'enseignement primaire ;—4° Par les délégués cantonaux, le maire et le curé, le pasteur ou le délégué du consistoire israélite, en ce qui concerne l'enseignement primaire.

Les ministres des différents cultes n'inspecteront que les écoles spéciales à leur culte, ou les écoles mixtes pour leurs coreligionnaires seulement.

Le recteur pourra, en cas d'empêchement, déléguer temporairement l'inspection à un membre du conseil académique.

19. Les inspecteurs d'académie sont choisis par le ministre parmi les anciens inspecteurs, les professeurs des facultés, les proviseurs et censeurs des lycées, les principaux des colléges, les chefs d'établissements secondaires libres, les professeurs des classes supérieures dans ces diverses catégories d'établissements, les agrégés des facultés et lycées, et les inspecteurs des écoles primaires, sous la condition commune à tous du grade de licencié, ou de dix ans d'exercice. — Les inspecteurs généraux et supérieurs sont choisis par le ministre, soit dans les catégories ci-dessus indiquées, soit parmi les anciens inspecteurs généraux ou inspecteurs supérieurs de l'instruction primaire, les recteurs et inspecteurs d'académie, ou parmi les membres de l'Institut. — Le ministre ne fait aucune nomination d'inspecteur général sans avoir pris l'avis du conseil supérieur.

20. L'inspection de l'enseignement primaire est spécialement confiée à deux inspecteurs supérieurs. — Il y a en outre, dans chaque arrondissement, un inspecteur de l'enseignement primaire choisi par le ministre, après avis du conseil académique. — Néanmoins, sur l'avis du conseil académique, deux arrondissements pourront être réunis pour l'inspection. — Un règlement déterminera le classement, les frais de tournée, l'avancement et les attributions des inspecteurs de l'enseignement primaire.

21. L'inspection des écoles publiques s'exerce conformément aux règlements délibérés par le conseil supérieur. — Celle des écoles libres porte sur la moralité, l'hygiène et la salubrité. — Elle ne peut porter sur l'enseignement que pour vérifier s'il n'est pas contraire à la morale, à la Constitution et aux lois.

22. Tout chef d'établissement primaire ou secondaire qui refusera de se soumettre à la surveillance de l'Etat, telle qu'elle est prescrite par l'article précédent, sera traduit devant le tribunal correctionnel de l'arrondissement, et condamné à une amende de cent francs à mille francs. — En cas de récidive, l'amende sera de cinq cents francs à trois mille francs. Si le refus de se soumettre à la surveillance de l'Etat a donné lieu à deux condamnations dans l'année, la fermeture de l'établissement pourra être ordonnée par le jugement qui prononcera la seconde condamnation. — Le procès-verbal des inspecteurs constatant le refus du chef d'établissement fera foi jusqu'à inscription de faux.

Titre II. — De l'Enseignement primaire.

CHAPITRE Ier. — DISPOSITIONS GÉNÉRALES.

23. L'enseignement primaire comprend : — L'instruction morale et religieuse. — La lecture, — L'écriture, — Les éléments de la langue française, — Le calcul et le sys-

tème légal des poids et mesures. — Il peut comprendre en outre : — L'arithmétique appliquée aux opérations pratiques, — Les éléments de l'histoire et de la géographie, — Des notions des sciences physiques et de l'histoire naturelle, applicables aux usages de la vie, — Des instructions élémentaires sur l'agriculture, l'industrie et l'hygiène, — L'arpentage, le nivellement, le dessin linéaire, — Le chant et la gymnastique.

24. L'enseignement primaire est donné gratuitement à tous les enfants dont les familles sont hors d'état de le payer.

CHAPITRE II. — DES INSTITUTEURS.

Section Ire. — Des conditions d'exercice de la profession d'instituteur primaire public ou libre.

25. — Tout Français âgé de vingt et un ans accomplis peut exercer dans toute la France la profession d'instituteur primaire, public ou libre, s'il est muni d'un brevet de capacité.

Le brevet de capacité peut être suppléé par le certificat de stage dont il est parlé à l'article 47, par le diplôme de bachelier, par un certificat constatant qu'on a été admis dans une des écoles spéciales de l'Etat, ou par le titre de ministre, non interdit ni révoqué, de l'un des cultes reconnus par l'Etat.

26. Sont incapables de tenir une école publique ou libre, ou d'y être employés, les individus qui ont subi une condamnation pour crime ou pour un delit contraire à la probité ou aux mœurs, les individus privés par jugement de tout ou partie des droits mentionnés en l'article 42 du Code pénal, et ceux qui ont été interdits en vertu de articles 30 et 33 de la présente loi.

Section II. — Des conditions spéciales aux instituteurs libres.

27. Tout instituteur qui veut ouvrir une école libre doit préalablement déclarer son intention au maire de la commune où il veut s'établir, lui désigner le local, et lui donner l'indication des lieux où il a résidé et des professions qu'il a exercées pendant les dix années précédentes. — Cette déclaration doit être, en outre, adressée par le postulant au recteur de l'académie, au procureur de la République et au sous-préfet. — Elle demeurera affichée, par les soins du maire, à la porte de la mairie pendant un mois.

28. Le recteur, soit d'office, soit sur la plainte du procureur de la République ou du sous-préfet, peut former opposition à l'ouverture de l'école, dans l'intérêt des mœurs publiques, dans le mois qui suit la déclaration à lui faite. — Cette opposition est jugée dans un bref délai, contradictoirement et sans recours, par le conseil académique. — Si le maire refuse d'approuver le local, il est statué à cet égard par ce conseil. — A défaut d'opposition, l'école peut être ouverte à l'expiration du mois, sans autre formalité.

29. Quiconque aura ouvert ou dirigé une école en contravention aux articles 25, 26 et 27, ou avant l'expiration du délai fixé par le dernier paragraphe de l'article 28, sera poursuivi devant le tribunal correctionnel du lieu du délit, et condamné à une amende de cinquante à cinq cents francs. — L'école sera fermée. — En cas de récidive, le délinquant sera condamné à un emprisonnement de six jours à un mois, et à une amende de cent francs à mille francs. — La même peine de six jours à un mois d'emprisonnement et de cent francs à mille francs d'amende sera prononcée contre celui qui, dans le cas d'opposition formée à l'ouverture de son école, l'aura néanmoins

ouverte avant qu'il ait été statué sur cette opposition, ou bien au mépris de la décision académique qui aurait accueilli l'opposition. — Ne seront pas considérées comme tenant école les personnes qui, dans un but purement charitable, et sans exercer la profession d'instituteur, enseigneront à lire et à écrire aux enfants, avec l'autorisation du délégué cantonal. — Néanmoins cette autorisation pourra être retirée par le conseil académique.

30. Tout instituteur libre, sur la plainte du recteur ou du procureur de la République, pourra être traduit, pour cause de faute grave dans l'exercice de ses fonctions, d'inconduite ou d'immoralité, devant le conseil académique du département, et être censuré, suspendu pour un temps qui ne pourra excéder six mois, ou interdit de l'exercice de sa profession dans la commune où il exerce. — Le conseil académique peut même le frapper d'une interdiction absolue. Il y aura lieu à appel devant le conseil supérieur de l'instruction publique. — Cet appel devra être interjeté dans le délai de dix jours, à compter de la notification de la décision, et ne sera pas suspensif.

Section III. — Des Instituteurs communaux.

31. Les instituteurs communaux sont nommés par le conseil municipal de chaque commune, et choisis soit sur une liste d'admissibilité et d'avancement dressée par le conseil académique du département, soit sur la présentation qui est faite par les supérieurs pour les membres des associations religieuses vouées à l'enseignement et autorisées par la loi, ou reconnues comme établissements d'utilité publique. — Les consistoires jouissent du droit de présentation pour les instituteurs appartenant aux cultes non catholiques. — Si le conseil municipal avait fait un choix non conforme à la loi, ou n'en avait fait aucun, il sera pourvu à la nomination par le conseil académique, un mois après la mise en demeure adressée au maire par le recteur. — L'institution est donnée par le ministre de l'instruction publique.

32. Il est interdit aux instituteurs communaux d'exercer aucune fonction administrative sans l'autorisation du conseil académique. — Toute profession commerciale ou industrielle leur est absolument interdite.

33. Le recteur peut, suivant les cas, réprimander, suspendre, avec ou sans privation totale ou partielle de traitement, pour un temps qui n'excèdera pas six mois, ou révoquer l'instituteur communal. — L'instituteur révoqué est incapable d'exercer la profession d'instituteur, soit public, soit libre, dans la même commune. — Le conseil académique peut, après l'avoir entendu ou dûment appelé, frapper l'instituteur communal d'une interdiction absolue, sauf appel devant le conseil supérieur de l'instruction publique dans le délai de dix jours, à partir de la notification de la décision. Cet appel n'est pas suspensif. — En cas d'urgence, le maire peut suspendre provisoirement l'instituteur communal, à charge de rendre compte, dans les deux jours, au recteur.

34. Le conseil académique détermine les écoles publiques auxquelles, d'après le nombre des élèves, il doit être attaché un instituteur adjoint. — Les instituteurs adjoints peuvent n'être âgés que de dix-huit ans, et ne sont pas assujettis aux conditions de l'art. 25. — Ils sont nommés et révocables par l'instituteur, avec l'agrément du recteur de l'académie. Les instituteurs adjoints appartenant aux associations religieuses dont il est parlé dans l'art. 31 sont nommés et peuvent être révoqués par les supérieurs de ces associations. — Le conseil municipal fixe le traitement des instituteurs adjoints. Ce traitement est à la charge exclusive de la commune.

35. Tout département est tenu de pourvoir au recrutement des instituteurs communaux, en entretenant des élèves-maîtres, soit dans les établissements d'instruction primaire désignés par le conseil académique, soit aussi dans l'école normale établie à cet effet par le département. — Les écoles normales peuvent être supprimées par le conseil général du département; elles peuvent l'être également par le ministre en conseil supérieur, sur le rapport du conseil académique, sauf, dans les deux cas, le droit acquis aux boursiers en jouissance de leur bourse. — Le programme de l'enseignement, les conditions d'entrée et de sortie, celles qui sont relatives à la nomination du personnel, et tout ce qui concerne les écoles normales, sera déterminé par un réglement délibéré en conseil supérieur.

CHAP. III. — DES ÉCOLES COMMUNALES.

36. Toute commune doit entretenir une ou plusieurs écoles primaires. — Le conseil académique du département peut autoriser une commune à se réunir à une ou plusieurs communes voisines pour l'entretien d'une école. — Toute commune a la faculté d'entretenir une ou plusieurs écoles entièrement gratuites, à la condition d'y subvenir sur ses propres ressources. — Le conseil académique peut dispenser une commune d'entretenir une école publique, à condition qu'elle pourvoira à l'enseignement primaire gratuit, dans une école libre, de tous les enfants dont les familles sont hors d'état d'y subvenir. Cette dispense peut toujours être retirée. — Dans les communes où les différents cultes reconnus sont professés publiquement, des écoles séparées seront établies pour les enfants appartenant à chacun de ces cultes, sauf ce qui est dit à l'art. 15. — La commune peut, avec l'autorisation du conseil académique, exiger que l'instituteur communal donne, en tout ou en partie, à son enseignement, les développements dont il est parlé à l'art. 23.

37. Toute commune doit fournir à l'instituteur un local convenable, tant pour son habitation que pour la tenue de l'école, le mobilier de classe, et un traitement.

38. A dater du 1er janvier 1851, le traitement des instituteurs communaux se composera : — 1° d'un traitement fixe, qui ne peut être inférieur à deux cents francs ; — 2° du produit de la rétribution scolaire ; — 3° d'un supplément accordé à tous ceux dont le traitement, joint au produit de la rétribution scolaire, n'atteint pas six cents francs. — Ce supplément sera calculé d'après le total de la rétribution scolaire pendant l'année précédente.

39. Une caisse de retraites sera substituée, par un réglement d'administration publique, aux caisses d'épargne des instituteurs.

40. A défaut de fondations, dons ou legs, le conseil municipal délibère sur les moyens de pourvoir aux dépenses de l'enseignement primaire dans la commune. — En cas d'insuffisance des revenus ordinaires, il est pourvu à ces dépenses au moyen d'une imposition spéciale votée par le conseil municipal, ou, à défaut du vote de ce conseil, établie par un décret du Pouvoir exécutif. Cette imposition, qui devra être autorisée chaque année par la loi de finances, ne pourra excéder trois centimes additionnels au principal des quatre contributions directes. — Lorsque des communes, soit par elles-mêmes, soit en se réunissant à d'autres communes, n'auront pu subvenir, de la manière qui vient d'être indiquée, aux dépenses de l'école communale, il y sera pourvu sur les ressources ordinaires du département, ou, en cas d'insuffisance, au moyen d'une imposition spéciale, votée par le conseil général, ou, à défaut du vote de ce conseil, établie par un décret. Cette imposition, autorisée chaque année par la loi de finances, ne devra pas excéder deux centimes additionnels au principal des quatre contributions directes. — Si les ressources communales et départementales ne suffisent pas, le ministre de l'instruction publique accordera une subvention sur le crédit qui sera porté annuellement pour l'enseignement primaire au budget de l'Etat. — Chaque année, un rapport annexé au projet de budget fera connaître l'emploi des fonds alloués pour l'année précédente.

41. La rétribution scolaire est perçue dans la même forme que les contributions publiques directes; elle est exempte des droits de timbre, et donne droit aux mêmes remises que les autres recouvrements. — Néanmoins, sur l'avis conforme du conseil général, l'instituteur communal pourra être autorisé par le conseil académique à percevoir lui-même la rétribution scolaire.

CHAP. IV. — DES DÉLÉGUÉS CANTONAUX ET DES AUTRES AUTORITÉS PRÉPOSÉES A L'ENSEIGNEMENT PRIMAIRE.

42. Le conseil académique du département désigne un ou plusieurs délégués résidant dans chaque canton, pour surveiller les écoles publiques et libres du canton, et détermine les écoles particulièrement soumises à la surveillance de chacun. — Les délégués sont nommés pour trois ans; ils sont rééligibles et révocables. Chaque délégué correspond, tant avec le conseil académique, auquel il doit adresser ses rapports, qu'avec les autorités locales, pour tout ce qui regarde l'Etat et les besoins de l'enseignement primaire dans sa circonscription. — Il peut, lorsqu'il n'est pas membre du conseil académique, assister à ses séances, avec voix consultative pour les affaires intéressant les écoles de sa circonscription. — Les délégués se réunissent au moins une fois tous les trois mois au chef-lieu de canton, sous la présidence de celui d'entre eux qu'ils désignent, pour convenir des avis à transmettre au conseil académique.

43. A Paris, les délégués nommés pour chaque arrondissement par le conseil académique se réunissent au moins une fois tous les mois avec le maire, un adjoint, le juge de paix, un curé de l'arrondissement et un ecclésiastique, ces deux derniers désignés par l'archevêque, pour s'entendre au sujet de la surveillance locale, et pour convenir des avis à transmettre au conseil académique. Les ministres des cultes non catholiques reconnus, s'il y a dans l'arrondissement des écoles suivies par des enfants appartenant à ces cultes, assistent à ces réunions avec voix délibérative. — La réunion est présidée par le maire.

44. Les autorités locales préposées à la surveillance et à la direction morale de l'enseignement primaire sont, pour chaque école, le maire, le curé, le pasteur ou le délégué du culte israélite, et, dans les communes de deux mille âmes et au-dessus, un ou plusieurs habitants de la commune, délégués par le conseil académique. — Les ministres des différents cultes sont spécialement chargés de surveiller l'enseignement religieux de l'école. — L'entrée de l'école leur est toujours ouverte. — Dans les communes où il existe des écoles mixtes, un ministre de chaque culte aura toujours l'entrée de l'école pour veiller à l'éducation religieuse des enfants de son culte. — Lorsqu'il y a pour chaque culte des écoles séparées, les enfants d'un culte ne doivent être admis dans l'école d'un autre culte que sur la volonté formellement exprimée par les parents.

45. Le maire dresse chaque année, de concert avec les ministres des différents cultes, la liste des enfants qui doivent être admis gratuitement dans les écoles publiques. Cette liste est approuvée par le conseil municipal, et définitivement arrêtée par le préfet.

46. Chaque année le conseil académique nomme une commission d'examen, chargée

de juger publiquement, et à des époques déterminées par le recteur, l'aptitude des aspirants au brevet de capacité, quel que soit le lieu de leur domicile. — Cette commission se compose de sept membres et choisit son président. — Un inspecteur d'arrondissement pour l'instruction primaire, un ministre du culte professé par le candidat, et deux membres de l'enseignement public ou libre en font nécessairement partie. — L'examen ne portera que sur les matières comprises dans la première partie de l'art. 23. — Les candidats qui voudront être examinés sur tout ou partie des autres matières spécifiées dans le même article, en feront la demande à la commission. Les brevets délivrés feront mention des matières spéciales sur lesquelles les candidats auront répondu d'une manière satisfaisante.

47. Le conseil académique délivre, s'il y a lieu, des certificats de stage aux personnes qui justifient avoir enseigné pendant trois ans au moins les matières comprises dans la première partie de l'art. 23, dans les écoles publiques ou libres autorisées à recevoir des stagiaires. — Les élèves-maîtres sont, pendant la durée de leur stage, spécialement surveillés par les inspecteurs de l'enseignement primaire.

CHAP. V. — DES ÉCOLES DE FILLES.

48. L'enseignement primaire dans les écoles de filles comprend, outre les matières de l'enseignement primaire énoncées dans l'art. 23, les travaux à l'aiguille.

49. Les lettres d'obédience tiendront lieu de brevet de capacité aux institutrices appartenant à des congrégations religieuses vouées à l'enseignement et reconnues par l'Etat. — L'examen des institutrices n'aura pas lieu publiquement.

50. Tout ce qui se rapporte à l'examen des institutrices, à la surveillance et à l'inspection des écoles de filles, sera l'objet d'un règlement délibéré en conseil supérieur. Les autres dispositions de la présente loi, relatives aux écoles et aux instituteurs, sont applicables aux écoles de filles et aux institutrices, à l'exception des articles 38, 39, 40 et 41.

51. Toute commune de huit cents âmes de population et au-dessus est tenue, si ses propres ressources lui en fournissent les moyens, d'avoir au moins une école de filles, sauf ce qui est dit à l'art. 15. — Le conseil académique peut en outre obliger les communes d'une population inférieure à entretenir, si leurs ressources ordinaires le leur permettent, une école de filles; et, en cas de réunion de plusieurs communes pour l'enseignement primaire, il pourra, selon les circonstances, décider que l'école de garçons et l'école de filles seront dans deux communes différentes. Il prend l'avis du conseil municipal.

52. Aucune école primaire, publique ou libre, ne peut, sans l'autorisation du conseil académique, recevoir d'enfants des deux sexes, s'il existe dans la commune une école publique ou libre de filles.

CHAP. VI. — INSTITUTIONS COMPLÉMENTAIRES.

Section Ire. — Des Pensionnats primaires.

53. Tout Français âgé de vingt-cinq ans, ayant au moins cinq années d'exercice comme instituteur ou comme maître dans un pensionnat primaire, et remplissant les conditions énumérées en l'art. 25, peut ouvrir un pensionnat primaire, après avoir déclaré son intention au recteur de l'académie et au maire de la commune. Toutefois, les instituteurs communaux ne pourront ouvrir de pensionnat qu'avec au-

torisation du conseil académique, sur l'avis du conseil municipal. — Le programme de l'enseignement et le plan du local doivent être adressés au maire et au recteur. — Le conseil académique prescrira, dans l'intérêt de la moralité et de la santé des élèves, toutes les mesures qui seront indiquées dans un règlement délibéré par le conseil supérieur. — Les pensionnats primaires sont soumis aux prescriptions des art. 26, 27, 28, 29 et 30 de la présente loi, et à la surveillance des autorités qu'elle institue. — Ces dispositions sont applicables aux pensionnats de filles en tout ce qui n'est pas contraire aux conditions prescrites par le chapitre V de la présente loi.

Section II. — Des Écoles d'adultes et d'apprentis.

54. Il peut être créé des écoles primaires communales pour les adultes au dessus de dix-huit ans, pour les apprentis au dessus de douze ans. — Le conseil académique désigne les instituteurs chargés de diriger les écoles communales d'adultes et d'apprentis. — Il ne peut être reçu dans ces écoles d'élèves des deux sexes.

55. Les art. 27, 28, 29 et 30 sont applicables aux instituteurs libres qui veulent ouvrir des écoles d'adultes ou d'apprentis.

56. Il sera ouvert chaque année, au budget du ministre de l'instruction publique, un crédit pour encourager les auteurs de livres ou de méthodes utiles à l'instruction primaire, et à la fondation d'institutions, telles que : — les écoles du dimanche; — les écoles dans les ateliers et les manufactures; — les classes dans les hôpitaux; — les cours publics ouverts conformément à l'art. 77; — les bibliothèques de livres utiles; — et autres institutions dont les statuts auront été soumis à l'examen de l'autorité compétente.

57. Les salles d'asile sont publiques ou libres. — Un décret du Président de la République, rendu sur l'avis du conseil supérieur, déterminera tout ce qui se rapporte à la surveillance et à l'inspection de ces établissements, ainsi qu'aux conditions d'âge, d'aptitude, de moralité, des personnes qui seront chargées de la direction et du service dans les salles d'asile publiques. — Les infractions à ce décret seront punies des peines établies par les art. 29, 30 et 33 de la présente loi. — Ce décret déterminera également le programme de l'enseignement et des exercices dans les salles d'asile publiques, et tout ce qui se rapporte au traitement des personnes qui y seront chargées de la direction ou du service.

58. Les personnes chargées de la direction des salles d'asile publiques seront nommées par le conseil municipal, sauf l'approbation du conseil académique.

59. Les salles d'asile libres peuvent recevoir des secours sur les budgets des communes, des départements et de l'Etat.

Titre III. — De l'Instruction secondaire.

CHAP. Ier. — DES ÉTABLISSEMENTS PARTICULIERS D'INSTRUCTION SECONDAIRE.

60. Tout Français âgé de vingt-cinq ans au moins, et n'ayant encouru aucune des incapacités comprises dans l'art. 26 de la présente loi, peut former un établissement d'instruction secondaire, sous la condition de faire au recteur de l'académie où il se propose de s'établir les déclarations prescrites par l'art. 27, et en outre de déposer entre ses mains les pièces suivantes, dont il lui sera donné récépissé : — 1° un certificat de stage constatant qu'il a rempli, pendant cinq ans au moins, les fonctions de professeur ou de surveillant dans un établissement d'instruction secondaire, public ou libre; — 2° soit le diplôme de bachelier, soit un brevet de capacité délivré par un jury

d'examen dans la forme déterminée par l'art. 62 ; — 3° le plan du local et l'indication de l'objet de l'enseignement. — Le recteur à qui le dépôt des pièces aura été fait, en donnera avis au préfet du département et au procureur de la République de l'arrondissement dans lequel l'établissement devra être fondé. — Le ministre, sur la proposition des conseils académiques et l'avis conforme du conseil supérieur, peut accorder des dispenses de stage.

61. Les certificats de stage sont délivrés par le conseil académique, sur l'attestation des chefs des établissements où le stage aura été accompli. — Toute attestation fausse sera punie des peines portées en l'art. 160 du Code pénal.

62. Tous les ans, le ministre nomme, sur la présentation du conseil académique, un jury chargé d'examiner les aspirants au brevet de capacité. Ce jury est composé de sept membres, y compris le recteur, qui le préside. — Un ministre du culte professé par le candidat et pris dans le conseil académique, s'il n'y en a déjà un dans le jury, sera appelé avec voix délibérative. — Le ministre, sur l'avis du conseil supérieur de l'instruction publique, instituera des jurys spéciaux pour l'enseignement professionnel. — Les programmes d'examen seront arrêtés par le conseil supérieur. — Nul ne pourra être admis à subir l'examen de capacité avant l'âge de vingt-cinq ans.

63. Aucun certificat d'études ne sera exigé des aspirants au diplôme de bachelier ou au brevet de capacité. — Le candidat peut choisir la faculté ou le jury académique devant lequel il subira son examen. — Un candidat refusé ne peut se présenter avant trois mois à un nouvel examen, sous peine de nullité du diplôme ou brevet indûment obtenu.

64. Pendant le mois qui suit le dépôt des pièces requises par l'art. 60, le recteur, le préfet et le procureur de la République peuvent se pourvoir devant le conseil académique et s'opposer à l'ouverture de l'établissement, dans l'intérêt des mœurs publiques ou de la santé des élèves. — Après ce délai, s'il n'est intervenu aucune opposition, l'établissement peut être immédiatement ouvert. — En cas d'opposition, le conseil académique prononce, la partie entendue ou dûment appelée, sauf appel devant le conseil supérieur de l'instruction publique.

65. Est incapable de tenir un établissement public ou libre d'instruction secondaire, ou d'y être employé, quiconque est atteint de l'une des incapacités déterminées par l'art. 26 de la présente loi, ou qui, ayant appartenu à l'enseignement public, a été révoqué avec interdiction, conformément à l'art. 14.

66. Quiconque, sans avoir satisfait aux conditions prescrites par la présente loi, aura ouvert un établissement d'instruction secondaire, sera poursuivi devant le tribunal correctionnel du lieu du délit, et condamné à une amende de cent francs à mille francs. L'établissement sera fermé. — En cas de récidive, ou si l'établissement a été ouvert avant qu'il ait été statué sur l'opposition, ou contrairement à la décision du conseil académique qui l'aurait accueillie, le délinquant sera condamné à un emprisonnement de quinze jours à un mois, et à une amende de mille à trois mille francs. — Les ministres des différents cultes reconnus peuvent donner l'instruction secondaire à quatre jeunes gens, au plus, destinés aux écoles ecclésiastiques, sans être soumis aux prescriptions de la présente loi, à la condition d'en faire la déclaration au recteur. — Le conseil académique veille à ce que ce nombre ne soit pas dépassé.

67. En cas de désordre grave dans le régime intérieur d'un établissement libre d'instruction secondaire, le chef de cet établissement peut être appelé devant le conseil académique, et soumis à la réprimande avec ou sans publicité. — La réprimande ne donne lieu à aucun recours.

68. Tout chef d'établissement libre d'instruction secondaire, toute personne attachée

à l'enseignement ou à la surveillance d'une maison d'éducation, peut, sur la plainte du ministère public ou du recteur, être traduit, pour cause d'inconduite ou d'immoralité, devant le conseil académique, et être interdit de sa profession, à temps ou à toujours, sans préjudice des peines encourues pour crimes ou délits prévus par le Code pénal.— Appel de la décision rendue peut toujours avoir lieu, dans les quinze jours de la notification, devant le conseil supérieur. — L'appel ne sera pas suspensif.

69. Les établissements libres peuvent obtenir des communes, des départements ou de l'Etat, un local et une subvention, sans que cette subvention puisse excéder le dixième des dépenses annuelles de l'établissement. — Les conseils académiques sont appelés à donner leur avis préalable sur l'opportunité de ces subventions. — Sur la demande des communes, les bâtiments compris dans l'attribution générale faite à l'université par le décret du 10 décembre 1808, pourront être affectés à ces établissements par décret du Pouvoir exécutif.

70. Les écoles secondaires ecclésiastiques actuellement existantes sont maintenues, sous la seule condition de rester soumises à la surveillance de l'Etat. —Il ne pourra en être établi de nouvelles sans l'autorisation du Gouvernement.

CHAP. II. DES ÉTABLISSEMENTS PUBLICS D'INSTRUCTION SECONDAIRE.

71. Les établissements publics d'instruction secondaire sont les lycées et les colléges communaux. — Il peut y être annexé des pensionnats.

72. Les lycées sont fondés et entretenus par l'Etat, avec le concours des départements et des villes. — Les colléges communaux sont fondés et entretenus par les communes. — Ils peuvent être subventionnés par l'Etat.

73. Toute ville dont le collége communal sera, sur la demande du conseil municipal, érigé en lycée, devra faire les dépenses de construction et d'appropriation requises à cet effet, fournir le mobilier et les collections nécessaires à l'enseignement, assurer l'entretien et la réparation des bâtiments.

Les villes qui voudront établir un pensionnat près du lycée devront fournir le local et le mobilier nécessaires, et fonder pour dix ans, avec ou sans le concours du département, un nombre de bourses fixé de gré à gré avec le ministre. A l'expiration des dix ans, les villes et départements seront libres de supprimer les bourses, sauf le droit acquis aux boursiers en jouissance de leur bourse. — Dans le cas où l'Etat voudrait conserver le pensionnat, le local et le mobilier resteront à sa disposition, et ne feront retour à la commune que lors de la suppression de cet établissement.

74. Pour établir un collége communal, toute ville doit satisfaire aux conditions suivantes : fournir un local approprié à cet usage, et en assurer l'entretien ; placer et entretenir dans ce local le mobilier nécessaire à la tenue des cours, et à celle du pensionnat, si l'établissement doit recevoir des élèves internes ; garantir pour cinq ans au moins le traitement fixe du principal et des professeurs, lequel sera considéré comme dépense obligatoire pour la commune, en cas d'insuffisance des revenus propres du collége, de la rétribution collégiale payée par les externes, et des produits du pensionnat. — Dans le délai de deux ans, les villes qui ont fondé des colléges communaux en dehors de ces conditions devront y avoir satisfait.

75. L'objet et l'étendue de l'enseignement dans chaque collége communal seront déterminés, eu égard aux besoins de la localité, par le ministre de l'instruction publique, en conseil supérieur, sur la proposition du conseil municipal et l'avis du conseil académique.

76. Le ministre prononce disciplinairement contre les membres de l'instruction secondaire publique, suivant la gravité des cas : — 1° La réprimande devant le conseil académique ; — 2° La censure devant le conseil supérieur ; — 3° La mutation pour un emploi inférieur ; — 4° La suspension des fonctions, pour une année au plus, avec ou sans privation totale ou partielle du traitement ; — 5° Le retrait d'emploi, après avoir pris l'avis du conseil supérieur ou de la section permanente. — Le ministre peut prononcer les mêmes peines, à l'exception de la mutation pour un emploi inférieur, contre les professeurs de l'enseignement supérieur. — Le retrait d'emploi ne peut être prononcé contre eux que sur l'avis conforme du conseil supérieur. — La révocation aura lieu dans les formes prévues par l'article 14.

Titre IV. — Dispositions générales.

77. Les dispositions de la présente loi concernant les écoles primaires ou secondaires sont applicables aux cours publics sur les matières de l'enseignement primaire ou secondaire. — Les conseils académiques peuvent, selon les degrés de l'enseignement, dispenser ces cours de l'application des dispositions qui précèdent, et spécialement de l'application du dernier paragraphe de l'article 54.

78. Les étrangers peuvent être autorisés à ouvrir ou diriger des établissements d'instruction primaire ou secondaire, aux conditions déterminées par un règlement délibéré en conseil supérieur.

79. Les instituteurs adjoints des écoles publiques, les jeunes gens qui se préparent à l'enseignement primaire public dans les écoles désignées à cet effet, les membres ou novices des associations religieuses vouées à l'enseignement et autorisées par la loi, ou reconnues comme établissements d'utilité publique, les élèves de l'école normale supérieure, les maîtres d'étude, régents et professeurs des colléges et lycées, sont dispensés du service militaire, s'ils ont, avant l'époque fixée pour le tirage, contracté, devant le recteur, l'engagement de se vouer, pendant dix ans, à l'enseignement public, et s'ils réalisent cet engagement.

80. L'article 463 du Code pénal pourra être appliqué aux délits prévus par la présente loi.

81. Un règlement d'administration publique déterminera les dispositions de la présente loi qui seront applicables à l'Algérie.

82. Sont abrogées toutes les dispositions des lois, décrets ou ordonnances contraires à la présente loi.

Dispositions transitoires.

83. Les chefs ou directeurs d'établissements d'instruction secondaire ou primaire libres, maintenant en exercice, continueront d'exercer leur profession sans être soumis aux prescriptions des articles 53 et 60. — Ceux qui en ont interrompu l'exercice pourront le reprendre sans être soumis à la condition du stage. — Le temps passé par les professeurs et les surveillants dans ces établissements leur sera compté pour l'accomplissement du stage prescrit par ledit article.

84. La présente loi ne sera exécutoire qu'à dater du 1er septembre 1850. — Les autorités actuelles continueront d'exercer leurs fonctions jusqu'à cette époque. — Néanmoins, le conseil supérieur pourra être constitué et il pourra être convoqué par le ministre avant le 1er septembre 1850 ; et, dans ce cas, les articles 1, 2, 3, 4, l'article 5, à l'exception de l'avant-dernier paragraphe, les articles 6 et 76 de la présente loi, deviendront immédiatement applicables. — La loi du 11 janvier 1850 est prorogée

jusqu'au 1er septembre 1850. — Dans le cas où le conseil supérieur aurait été constitué avant cette époque, l'appel des instituteurs révoqués sera jugé par le ministre de l'instruction publique, en session permanente du conseil supérieur.

85. Jusqu'à la promulgation de la loi sur l'enseignement supérieur, le conseil supérieur de l'instruction publique et sa section permanente, selon leur compétence respective, exerceront, à l'égard de cet enseignement, les attributions qui appartenaient au conseil de l'Université, et les nouveaux conseils académiques, les attributions qui appartenaient aux anciens.

4 *Février* 1850. — LOI *sur l'organisation du Tribunal des Conflits* (1).

Art. 1er. Le tribunal des conflits est présidé par le ministre de la justice. — Ses décisions ne peuvent être rendues qu'au nombre de neuf juges, pris également, à l'exception du ministre, dans les deux corps qui concourent à sa formation.

2. En cas d'empêchement du ministre, il est remplacé dans la présidence du tribunal des conflits par le ministre chargé du département de l'instruction publique.

3. Si un autre membre du tribunal est empêché, il est remplacé, selon le corps auquel il appartient, soit par un conseiller d'État, soit par un membre de la Cour de cassation. — A cet effet, chacun des deux corps élit dans son sein deux suppléants. — Ces suppléants seront appelés à faire le service dans l'ordre de leur nomination. — La durée de leurs fonctions sera la même que celle des membres titulaires, et ils seront nommés en même temps. — Il sera procédé à cette nomination par le conseil d'État et par la Cour de cassation, dans les huit jours qui suivront la promulgation de la présente loi.

4. Les décisions du Tribunal des conflits ne pourront être rendues qu'après un rapport écrit fait par l'un des membres du Tribunal, et sur les conclusions du ministère public.

5. Les fonctions de rapporteur seront alternativement confiées à un conseiller d'État et à un membre de la Cour de cassation, sans que cet ordre puisse être interverti.

6. Les fonctions du ministère public seront remplies par deux commissaires du Gouvernement, choisis tous les ans par le Président de la République, l'un parmi les maîtres des requêtes au conseil d'État, l'autre dans le parquet de la Cour de cassation. — Il sera adjoint à chacun de ces commissaires un suppléant choisi de la même manière et pris dans les mêmes rangs, pour le remplacer en cas d'empêchement. — Ces nominations devront être faites, chaque année, avant l'époque fixée pour la reprise des travaux du Tribunal.

7. Dans aucune affaire, les fonctions de rapporteur et celles du ministère public ne pourront être remplies par deux membres pris dans le même corps.

8. Le délai fixé par l'article 7 de l'ordonnance du 12 mars 1831 (2) est porté à trois mois pour le jugement des conflits actuellement pendants et de ceux qui pourront être élevés dans les trois mois qui suivront l'installation du Tribunal des conflits.

9. Le réglement du 26 octobre 1849 est modifié en tout ce qui ne serait pas conforme aux dispositions de la présente loi.

---

(1) V. *Conflits*. (2) V. *Conflits*.

7, 22 *mars et* 5 *juin* 1850. — LOI *relative au Timbre des Effets de commerce, des Bordereaux de commerce, des Actions dans les sociétés, des Obligations négociables des départements, communes, établissements publics et compagnies, et des Polices d'assurances.*

L'ASSEMBLÉE NATIONALE A ADOPTÉ LA LOI dont la teneur suit :

Titre Ier. — Chapitre Ier. — Des effets de commerce.

ARTICLE 1er. Le droit de timbre proportionnel sur les lettres de change, billets à ordre ou au porteur, mandats, retraites et tous autres effets négociables ou de commerce, est fixé ainsi qu'il suit :

A cinq centimes pour les effets de cent francs et au-dessous ; — A dix centimes pour ceux de cent francs jusqu'à deux cents francs ; — A quinze centimes pour ceux de deux cents francs jusqu'à trois cents francs ; — A vingt centimes pour ceux au-dessus de trois cents francs jusqu'à quatre cents francs ; — A vingt-cinq centimes pour ceux au-dessus de quatre cents francs jusqu'à cinq cents francs ; — A cinquante centimes pour ceux au-dessus de cinq cents francs jusqu'à mille francs ; — A un franc pour ceux au-dessus de mille francs jusqu'à deux mille francs ; — A un franc cinquante centimes pour ceux au-dessus de deux mille francs jusqu'à trois mille francs ; — A deux francs pour ceux au-dessus de trois mille francs jusqu'à quatre mille francs ; — Et ainsi de suite, en suivant la même progression et sans fraction.

2. Celui qui reçoit du souscripteur un effet non timbré conformément à l'art. 1er, est tenu de le faire viser pour timbre dans les quinze jours de sa date, ou avant l'échéance si cet effet a moins de quinze jours de date, et dans tous les cas avant toute négociation. — Ce visa pour timbre sera soumis à un droit de quinze centimes par cent francs ou fractions de cent francs, qui s'ajoutera au montant de l'effet, nonobstant toute stipulation contraire.

3. Les effets venant soit de l'étranger, soit des îles ou des colonies dans lesquelles le timbre n'aurait pas encore été établi, et payables en France, seront, avant qu'ils puissent y être négociés, acceptés ou acquittés, soumis au timbre ou au visa pour timbre, et le droit sera payé d'après la quotité fixée par l'article 1er.

4. En cas de contravention aux articles précédents, le souscripteur, l'accepteur, le bénéficiaire ou premier endosseur de l'effet non timbré ou non visé pour timbre, seront passibles chacun d'une amende de six pour cent. — A l'égard des effets compris en l'art. 3, outre l'application, s'il y a lieu, du paragraphe précédent, le premier des endosseurs résidant en France, et, à défaut d'endossement en France, le porteur, sera passible de l'amende de six pour cent. — Si la contravention ne consiste que dans l'emploi d'un timbre inférieur à celui qui devait être employé, l'amende ne portera que sur la somme pour laquelle le droit de timbre n'aura pas été payé.

5. Le porteur d'une lettre de change non timbrée, ou non visée pour timbre, conformément aux articles 1, 2 et 3, n'aura d'action, en cas de non acceptation, que contre le tireur ; en cas d'acceptation, il aura seulement action contre l'accepteur et contre le tireur, si ce dernier ne justifie pas qu'il y avait provision à l'échéance. — Le porteur de tout autre effet sujet au timbre et non timbré, ou non visé pour timbre, conformément aux mêmes articles, n'aura d'action que contre le souscripteur. — Toutes stipulations contraires seront nulles.

6. Les contrevenants seront soumis solidairement au paiement du droit de timbre et des amendes prononcées par l'art. 4. Le porteur fera l'avance de ces droits et de ces

amendes, sauf son recours contre ceux qui en seront passibles. Ce recours s'exercera devant la juridiction compétente pour connaître de l'action en remboursement de l'effet.

7. Il est interdit à toutes personnes, à toutes sociétés, à tous établissements publics, d'encaisser ou de faire encaisser pour leur compte ou pour le compte d'autrui, même sans leur acquit, des effets de commerce non timbrés ou non visés pour timbre, sous peine d'une amende de six pour cent du montant des effets encaissés.

8. Toute mention ou convention de retour sans frais, soit sur le titre, soit en dehors du titre, sera nulle, si elle est relative à des effets non timbrés ou non visés pour timbre.

9. Les dispositions de la présente loi sont applicables aux lettres de change, billets à ordre, ou autres effets souscrits en France et payables hors de France

10. L'exemption du timbre accordée, par l'article 6 de la loi du 1er mai 1822, au duplicata de lettres de change, est maintenue. Toutefois, si la première, timbrée ou visée pour timbre, n'est pas jointe à celle mise en circulation et destinée à recevoir les endossements, le timbre ou visa pour timbre devra toujours être apposé sur cette dernière, sous les peines prescrites par la présente loi.

11. Les dispositions des articles précédents ne seront applicables qu'aux effets souscrits à partir du 1er octobre 1850.

Disposition transitoire.

12. Jusqu'au 1er octobre 1850, et vingt-quatre heures au moins avant l'échéance, le porteur de tout effet de commerce assujetti au timbre aura la faculté de le faire timbrer à l'extraordinaire ou viser pour timbre, sans amende. — Il ne sera dû que le droit fixé par la loi ancienne. L'avance de ce droit sera faite par le porteur, sauf son recours contre les divers obligés. — Toute contravention sera passible d'une amende de six pour cent contre le porteur, outre les amendes prononcées par les lois anciennes contre le souscripteur, l'accepteur et le premier endosseur. — Les effets assujettis au timbre et échus antérieurement à la promulgation de la présente loi seront admis, jusqu'au 1er août inclusivement, au visa pour timbre sans amende, et au droit fixé par la loi ancienne.

CHAP. II. — DES BORDEREAUX DE COMMERCE.

13. A compter du 1er juillet 1850, les bordereaux et arrêtés des agents de change ou courtiers ne pourront être rédigés, sous peine d'une amende de cinq cents francs contre l'agent de change ou le courtier contrevenant, que sur du papier au timbre de dimension ou timbré à l'extraordinaire, conformément à l'article 6 de la loi du 11 juin 1842.

Titre II. — Chapitre Ier. — Actions dans les sociétés.

14. Chaque titre ou certificat d'action, dans une société, compagnie ou entreprise quelconque, financière, commerciale, industrielle ou civile, que l'action soit d'une somme fixe ou d'une quotité, qu'elle soit libérée ou non libérée, émis à partir du 1er janvier 1851, sera assujetti au timbre proportionnel de cinquante centimes pour cent francs du capital nominal pour les sociétés, compagnies ou entreprises dont la durée n'excèdera pas dix ans, et à un pour cent pour celles dont la durée dépassera dix années. — A défaut de capital nominal, le droit se calculera sur le capital réel, dont la valeur sera déterminée d'après les règles établies par les lois sur l'enregistrement ; —

L'avance en sera faite par la compagnie, quels que soient les statuts. — La perception de ce droit proportionnel suivra les sommes et valeurs de vingt francs en vingt francs inclusivement et sans fractions.

15. Au moyen du droit établi par l'article précédent, les cessions de titre ou de certificat d'action seront exemptes de tout droit et de toute formalité d'enregistrement.

16. Les titres ou certificats d'actions seront tirés d'un registre à souche ; le timbre sera apposé sur la souche et le talon.

Le dépositaire du registre sera tenu de le communiquer aux préposés de l'enregistrement, selon le mode prescrit par l'article 54 de la loi du 22 frimaire an VII (1), et sous les peines y énoncées.

17. Le titre ou certificat d'action, délivré par suite de transfert ou de renouvellement, sera timbré à l'extraordinaire ou visé pour timbre gratis si le titre ou certificat primitif a été timbré.

18. Toute société, compagnie ou entreprise qui sera convaincue d'avoir émis une action en contravention à l'article 14, et au premier paragraphe de l'article 16, sera passible d'une amende de douze pour cent du montant de cette action.

19. L'agent de change ou le courtier qui aura concouru à la cession ou au transfert d'un titre ou certificat d'action non timbré sera passible d'une amende de dix pour cent du montant de l'action.

20. Il est accordé un délai de six mois pour faire timbrer à l'extraordinaire ou viser pour timbre sans amende et au droit proportionnel de cinq centimes par cent franc, conformément à l'article 1er, les titres ou certificats d'actions qui auront été, en contravention aux lois existantes, délivrés antérieurement au 1er janvier 1851. — Le droit sera perçu sur la présentation du registre à souche, ou tout autre constatant la délivrance du certificat, et l'avance en sera faite par la compagnie, la société ou l'entreprise. — Le délai de six mois expiré, la société, la compagnie où l'entreprise sera, en cas de contravention, passible de l'amende déterminée par l'article 18. — L'avis officiel de l'acquittement du droit, inséré dans le Moniteur, équivaudra à l'apposition du timbre pour les titres ou certificats énoncés au premier paragraphe de cet article.

21. L'article 17 ne sera pas applicable aux renouvellements des titres énoncés en l'article 20. Ces renouvellements resteront assujettis au timbre déterminé par cet article, et les cessions de titres ainsi renouvelés au droit d'enregistrement fixés par les lois anciennes, s'il résulte du titre nouveau que le titre primitif avait été émis antérieurement au 1er janvier 1851.

22. Les sociétés, compagnies ou entreprises pourront s'affranchir des obligations imposées par les articles 14 et 20, en contractant avec l'Etat un abonnement pour toute la durée de la société. — Le droit sera annuel, et de cinq centimes par cent francs du capital nominal de chaque action émise : à défaut de capital nominal, il sera de cinq centimes par cent francs du capital réel, dont la valeur devra être déterminée conformément au deuxième paragraphe de l'article 14. — Le paiement du droit sera fait, à la fin de chaque trimestre, au bureau d'enregistrement du lieu où se trouvera le siége de la société, de la compagnie ou de l'entreprise. — Même en cas d'abonnement, les articles 16 et 18 resteront applicables. Un réglement d'administration publique déterminera les formalités à suivre pour l'application du timbre sur les actions.

23. Chaque contravention aux dispositions de ce réglement sera passible d'une amende de 50 francs.

---

(1) V. *Enregistrement*.

24. Seront dispensées du droit les sociétés, compagnies ou entreprises abonnées qui, depuis leur abonnement, se seront mises ou auront été mises en liquidation. — Celles qui postérieurement à leur abonnement, n'auront, dans les deux dernières années, payé ni dividendes ni intérêts, seront aussi dispensées du droit, tant qu'il n'y aura pas de répartition de dividendes ou de paiement d'intérêts. — Jouiront de la même dispense les sociétés et compagnies qui dans les deux dernières années antérieures à la promulgation de la présente loi, n'auront payé ni dividendes ni intérêts, à la charge, toutefois, par elles de s'abonner dans les six mois qui suivront cette promulgation, et de payer le droit annuel à partir de la premiere répartition de dividendes ou du premier paiement d'intérêts.

25. Les dispositions des articles précédents ne s'appliquent pas aux actions dont la cession n'est parfaite, à l'égard des tiers, qu'au moyen des conditions déterminées par l'article 1690 du Code civil, ni à celles qui en ont été formellement dispensées par une disposition de loi.

26. Dans le cas de renouvellement d'une société ou compagnie constituée pour une durée n'excédant pas dix années, les certificats d'actions seront de nouveau soumis à la formalité du timbre, à moins que la société ou compagnie n'ait contracté un abonnement qui, dans ce cas, se trouvera prorogé pour la nouvelle durée de la société.

CHAPITRE II. — OBLIGATIONS NÉGOCIABLES DES DÉPARTEMENTS, COMMUNES, ÉTABLISSEMENTS ET COMPAGNIES.

27. Les titres d'obligations souscrits à compter du 1er janvier 1851 par les départements, communes, établissements publics et compagnies, sous quelque dénomination que ce soit, dont la cession, pour être parfaite à l'égard des tiers, n'est pas soumise aux dispositions de l'article 1690 du Code civil, seront assujettis au timbre proportionnel de un pour cent du montant du titre. — L'avance en sera faite par les départements, communes, établissements publics et compagnies. — La perception du droit suivra les sommes et valeurs de vingt francs en vingt francs inclusivement et sans fraction.

28. Les titres seront tirés d'un registre à souche. — Le dépositaire du registre sera tenu de le communiquer aux préposés de l'enregistrement, selon le mode prescrit par l'article 54 de la loi du 22 frimaire an VII (1), et sous les peines y énoncées.

29. Toute contravention à l'article 27 et au premier paragraphe de l'article 28 sera passible, contre les départements, communes, établissements publics et sociétés, d'une amende de dix pour cent du montant du titre.

30. Les départements, communes, établissements publics et compagnies auront un délai de six mois, à partir de la promulgation de la présente loi, pour faire timbrer à l'extraordinaire sans amende, ou viser pour timbre, au droit fixé par les lois existantes, les titres compris dans l'article 27, et souscrits antérieurement au 1er janvier 1851. — Ce délai expiré, les départements, communes, établissements publics et compagnies seront passibles de l'amende déterminée par l'article 29.

31. Les départements, communes, établissements publics et compagnies pourront s'affranchir des obligations imposées par les articles 27 et 30, en contractant avec l'Etat un abonnement pour toute la durée des titres. Le droit sera annuel, et de cinq centimes par cent francs du montant de chaque titre. — Le paiement du droit sera fait à

(1) V. *Enregistrement*.

la fin de chaque trimestre au bureau d'enregistrement du lieu où les départements, communes, établissements publics et compagnies auront le siége de leur administration. — En cas d'abonnement, le dernier paragraphe de l'article 22 et l'article 28 seront applicables.

32. Les articles 15, 19, 23 et 25 sont applicables aux titres compris en l'article 27.

Titre III. — Des polices d'assurance.

Section Ire. — Des polices d'assurance autres que les assurances maritimes.

33. A compter du 1er octobre 1850, tout contrat d'assurance, ainsi que toute convention postérieure contenant prolongation de l'assurance, augmentation dans la prime ou le capital assuré, sera rédigé sur papier d'un timbre de dimension, sous peine de cinquante francs d'amende contre l'assureur, sans recours contre l'assuré. Si l'assuré en fait l'avance, il aura un recours contre l'assureur. — Lorsque la police contiendra une clause de tacite reconduction, elle sera en outre soumise au visa pour timbre dans le délai de cinq jours de sa date, sous la même peine de cinquante francs d'amende contre l'assureur. Le droit de visa sera le même que celui du timbre employé pour l'acte.

34. Les sociétés d'assurances mutuelles, les compagnies d'assurances à primes ou autres, sous quelque dénomination que ce soit, et tous assureurs à primes ou autres, seront tenus de faire, au bureau d'enregistrement du lieu ou ils auront le siége de leur principal établissement, une déclaration constatant la nature des opérations, et les noms du directeur de la société ou du chef de l'établissement. — Cette déclaration sera faite avant le 1er octobre 1850 par les sociétés, compagnies et assureurs actuellement établis, et par les autres, avant de commencer leurs opérations. — Toute infraction aux dispositions de cet article sera passible d'une amende de mille francs.

35. Les sociétés, compagnies et assureurs seront tenus d'avoir au siége de l'établissement, un répertoire sommaire en un ou plusieurs volumes, non sujet au timbre, mais coté, paraphé et visé, soit par un des membres du tribunal de commerce, soit par le juge de paix, sur lequel ils porteront, par ordre de numéros, et dans les six mois de leur date, toutes les assurances faites soit directement, soit par leurs agents, ainsi que les conventions qui prolongeront l'assurance, augmenteront la prime ou le capital assuré. — A l'égard des sociétés, compagnies et assureurs actuellement établis. le répertoire ne sera obligatoire que pour les opérations qui seront faites à compter du 1er octobre 1850. Ce répertoire sera soumis au visa des préposés de l'enregistrement, selon le mode indiqué par la loi du 22 frimaire an VII (1).—Les préposés de l'enregistrement pourront exiger, au siége de l'établissement, la représentation : 1° des polices en cours d'exécution, ou renouvelées par tacite reconduction depuis au moins six mois : 2° de celles expirées depuis moins de deux mois.

36. Chaque contravention aux dispositions de l'article précédent sera passible d'une amende de dix francs.

37. Les sociétés, compagnies d'assurances et tous autres assureurs contre l'incendie et contre la grêle, pourront s'affranchir des obligations imposées par l'art. 33 en contractant avec l'Etat un abonnement annuel, à raison de deux centimes par mille francs

---

(1) V. *Enregistrement*.

du total des sommes assurées, d'après les polices ou contrats en cours d'exécution. — Les caisses départementales administrées gratuitement, ayant pour but d'indemniser ou de secourir les incendiés au moyen de collectes, pourront aussi s'affranchir des mêmes obligations, en contractant avec l'Etat un abonnement annuel de un pour cent du total des collectes de l'année. — Les compagnies et tous assureurs sur la vie pourront également s'affranchir de l'obligation imposée par l'art. 33, en contractant avec l'Etat un abonnement annuel de deux francs par mille du total des versements faits chaque année aux compagnies ou aux assureurs. — L'abonnement de l'année courante se calculera sur le chiffre total des opérations de l'année précédente. — Le paiement du droit sera fait par moitié et par semestre, au bureau de l'enregistrement du lieu où se trouvera le siége de l'établissement.

38. Les sociétés, compagnies ou assureurs qui, après avoir contracté un abonnement, voudront y renoncer, seront tenus de payer un droit de trente-cinq centimes par chaque police en cours d'exécution, quels que soient la dimension du papier et le nombre des doubles.

39. Le pouvoir exécutif déterminera la forme du timbre qui, en cas d'abonnement, sera apposé, sans frais, sur le papier destiné aux polices d'assurances et aux feuilles de collectes.

Dispositions transitoires.

40. Les sociétés, compagnies d'assurances et tous autres assureurs seront tenus, dans le délai de six mois à partir de la promulgation de la présente loi, de faire timbrer à l'extraordinaire, ou viser pour timbre, les actes d'assurances en cours d'exécution, et antérieurs au 1er octobre 1850. Il sera perçu par police, quels que soient le nombre des doubles et la dimension du papier, un droit fixe de trente-cinq centimes, sans aucune amende. L'avance de ce droit sera faite par la société, la compagnie ou l'assureur, sauf recours, pour moitié, contre l'assuré. — Passé le délai de six mois, la société, la compagnie ou l'assureur sera passible d'une amende de dix francs par chaque police d'assurance non timbrée.

41. Les sociétés, compagnies ou assureurs qui, pour l'année 1850, et dans les trois mois de la promulgation de la présente loi, contracteront avec l'Etat l'abonnement annuel autorisé par l'art. 37, seront affranchis du droit fixé par l'article précédent, et leurs polices seront timbrées sans frais, quel qu'en soit le format.

Section II. — Des polices d'assurances maritimes.

42. A compter du 1er octobre 1850, tout contrat d'assurance maritime, ainsi que toute convention postérieure contenant prolongation de l'assurance, augmentation dans la prime ou dans le capital assuré, ou bien (en cas de police flottante) portant désignation d'une somme en risque ou d'une prime à payer, sera rédigé sur papier d'un timbre de dimension, sous peine de cinquante francs d'amende contre chacun des assureurs et assurés. — Les conventions postérieures énoncées dans le paragraphe précédent pourront être inscrites à la suite de la police, à la charge pour chacune d'un visa pour timbre au même droit que celui de la police. — Le visa devra être apposé dans les deux jours de la date des nouvelles conventions.

43. Les compagnies d'assurances maritimes seront tenues de faire, au bureau d'enregistrement du siége de leur établissement et à celui du siége de chaque agence, une

déclaration constatant la nature des opérations et les noms du directeur et de l'agent de la compagnie. — Cette déclaration sera faite, pour les compagnies actuellement existantes, avant le 1er octobre 1850, et pour les autres avant de commencer leurs opérations. — Toute contravention aux dispositions de cet article sera passible d'une amende de mille francs.

44. Les compagnies d'assurances maritimes seront tenues d'avoir, dans chaque agence, un répertoire non sujet au timbre, mais coté, paraphé et visé, soit par un des juges du tribunal de commerce, soit par le juge de paix, sur lequel seront, dans les trois jours de leur date, portées par ordre de numéros les assurances qui auront été faites dans ladite agence sans intermédiaire de courtier ou de notaire, ainsi que les conventions qui prolongeront l'assurance, augmenteront la prime ou le capital assuré, ou bien (en cas de police flottante) qui porteront la désignation d'une somme en risque ou d'une prime à payer. — A l'égard des compagnies actuellement existantes, le répertoire ne sera obligatoire que pour les opérations qui seront faites à compter du 1er octobre 1850. Ce répertoire sera soumis au visa des préposés de l'enregistrement, selon le mode indiqué par la loi du 22 frimaire an VII (1), et, toutes les fois qu'ils le requerront, la représentation des polices pourra être exigée au moment du visa.

45. Quiconque voudra faire des assurances maritimes autrement que par l'entremise des notaires ou courtiers, sera tenu de se conformer à l'article 43 et au premier paragraphe de l'article 44. — Le répertoire des assureurs particuliers ne donnera lieu qu'au visa prescrit par l'article 51 de la loi du 22 frimaire an VII. La représentation des polices pourra être exigée lors du visa.

46. Chaque contravention à l'article 44 et au deuxième paragraphe de l'article 45, sera passible d'une amende de dix francs.

47. Le livre que les courtiers doivent tenir, conformément à l'article 84 du Code de commerce, sera assujetti au timbre de dimension. — Les notaires seront tenus, comme les courtiers, d'avoir un registre spécial et timbré, sur lequel ils transcriront les polices des assurances faites par leur ministère. — Le livre des courtiers et le registre des notaires seront soumis au visa des préposés de l'enregistrement, toutes les fois que ceux-ci le requerront. — Toute contravention aux dispositions de cet article emportera une amende de cinquante francs.

48. Tout courtier ou notaire qui sera convaincu d'avoir rédigé une police d'assurance ou d'en avoir délivré une expédition ou un extrait sur papier non timbré, conformément à l'article 42, encourra une amende de cinq cents francs, et, en cas de récidive, une amende de mille francs, outre les peines disciplinaires prononcées par les lois spéciales.

Titre IV. — Dispositions générales.

49. Lorsqu'un effet, certificat d'action, titre, livre, bordereau, police d'assurance, ou tout autre acte sujet au timbre et non enregistré, sera mentionné dans un acte public judiciaire ou extrajudiciaire, et ne devra pas être représenté au receveur lors de l'enregistrement de cet acte, l'officier public ou officier ministériel sera tenu de déclarer expressément dans l'acte si le titre est revêtu du timbre prescrit, et d'énoncer le montant du droit de timbre payé.

En cas d'omission, les notaires, avoués, greffiers, huissiers et autres officiers publics seront passibles d'une amende de dix francs par chaque contravention.

---

(1) V. *Enregistrement*..

15 *mars*, 13 *juin* et 2 *juillet* 1850. — LOI *relative aux mauvais traitements exercés envers les animaux domestiques.*

ARTICLE UNIQUE. Seront punis d'une amende de cinq à quinze francs, et pourront l'être d'un à cinq jours de prison, ceux qui auront exercé publiquement et abusivement de mauvais traitements envers les animaux domestiques. — La peine de la prison sera toujours appliquée en cas de récidive. — L'art. 463 du Code pénal sera toujours applicable.

Délibéré en séance publique, à Paris, les 15 mars, 13 juin et 2 juillet 1850.

16 *juillet* 1850. — LOI *sur le cautionnement des journaux et le timbre des écrits périodiques et non périodiques.*

Titre Ier. — Du Cautionnement.

ART. 1er. Les propriétaires de journaux ou écrits périodiques politiques seront tenus de verser au Trésor un cautionnement en numéraire dont l'intérêt sera payé au taux réglé pour les cautionnements. — Pour les départements de la Seine, de Seine-et-Oise, de Seine-et-Marne et du Rhône, le cautionnement des journaux est fixé comme suit : — Si le journal ou écrit périodique paraît plus de trois fois par semaine, soit à jour fixe, soit par livraisons irrégulières, le cautionnement sera de vingt-quatre mille francs. — Le cautionnement sera de dix-huit mille francs si le journal ne paraît que trois fois par semaine ou à des intervalles plus éloignés. — Dans les villes de cinquante mille âmes et au-dessus, le cautionnement des journaux paraissant plus de cinq fois par semaine sera de six mille francs. Il sera de trois mille six cents francs dans les autres départements, et respectivement de la moitié de ces deux sommes pour les journaux et écrits périodiques paraissant cinq fois par semaine ou à des intervalles plus éloignés.

2. Il est accordé aux propriétaires des journaux ou écrits périodiques politiques actuellement existants un délai d'un mois, à compter de la promulgation de la présente loi, pour se conformer aux dispositions qui précèdent.

3. Tout article de discussion politique, philosophique ou religieuse, inséré dans un journal, devra être signé par son auteur, sous peine d'une amende de cinq cents francs pour la première contravention, et de mille francs en cas de récidive. — Toute fausse signature sera punie d'une amende de mille francs et d'un emprisonnement de six mois, tant contre l'auteur de la fausse signature que contre l'auteur de l'article et l'éditeur responsable du journal.

4. Les dispositions de l'article précédent seront applicables à tous les articles, quelle que soit leur étendue, publiés dans des feuilles politiques ou non politiques, dans lesquels seront discutés des actes ou opinions des citoyens, et des intérêts individuels ou collectifs.

5. Lorsque le gérant d'un journal ou écrit périodique paraissant dans les départements autres que ceux de la Seine, de Seine-et-Oise, de Seine-et-Marne et du Rhône, aura été renvoyé devant la cour d'assises par un arrêt de mise en accusation pour crime ou délit de presse, si un nouvel arrêt de mise en accusation intervient contre les gérants de la même publication avant la décision définitive de la cour d'assises, une somme égale à la moitié du maximum des amendes édictées par la loi, pour le fait nouvellement incriminé, devra être consignée dans les trois jours de la notification de chaque arrêt, et nonobstant tout pourvoi en cassation. — En aucun cas, le montant des consignations ne pourra dépasser un chiffre égal à celui du cautionnement.

6. Dans les trois jours de tout arrêt de condamnation pour crime ou délit de presse, le gérant du journal devra acquitter le montant des condamnations qu'il aura encourues. — En cas de pourvoi en cassation, le montant des condamnations sera consigné dans le même délai.

7. La consignation ou le paiement prescrit par les articles précédents sera constatée par une quittance délivrée en duplicata par le receveur des domaines. — Cette quittance sera, le quatrième jour au plus tard, soit de l'arrêt rendu par la cour d'assises, soit de la notification de l'arrêt de la chambre des mises en accusation, remise au procureur de la République, qui en donnera récépissé.

8. Faute par le gérant d'avoir remis la quittance dans les délais ci-dessus fixés, le journal cessera de paraître, sous les peines portées contre tout journal publié sans cautionnement.

9. Les peines pécuniaires prononcées pour crimes et délits par les lois sur la presse et autres moyens de publication, ne se confondront pas entre elles et seront toutes intégralement subies, lorsque les faits qui y donneront lieu seront postérieurs à la première poursuite.

10. Pendant les vingt jours qui précéderont les élections, les circulaires et professions de foi signées des candidats pourront, après dépôt au parquet du procureur de la République, être affichées et distribuées sans autorisation de l'autorité municipale.

11. Les dispositions des lois des 9 juin 1819 et 18 juillet 1828 (1) qui ne sont pas contraires à la présente loi continueront à être exécutées. — La loi du 9 août 1848 et celle du 21 avril 1849 sont abrogées.

Titre II. — Du Timbre.

12. A partir du 1er août prochain, les journaux ou écrits périodiques, ou les recueils périodiques de gravures ou lithographies politiques, de moins de dix feuilles de vingt-cinq à trente-deux décimètres carrés, ou de moins de cinq feuilles de cinquante à soixante-douze décimètres carrés, seront soumis à un droit de timbre. — Ce droit sera de cinq centimes par feuille de soixante-douze décimètres carrés et au-dessous, dans les départements de la Seine et de Seine-et-Oise, et de deux centimes pour les journaux, gravures ou écrits périodiques publiés partout ailleurs.

13. Les écrits non périodiques traitant de matières politiques ou d'économie sociale qui ne sont pas actuellement en cours de publication, ou qui, antérieurement à la présente loi, ne sont pas tombés dans le domaine public, s'ils sont publiés en une ou deux livraisons ayant moins de trois feuilles d'impression de vingt-cinq à trente-deux décimètres carrés, seront soumis à un droit de timbre de cinq centimes. — Par chaque dix décimètres carrés ou fraction en sus, il sera perçu un centime et demi. — Cette disposition est applicable aux écrits non périodiques publiés à l'étranger, lesquels seront, à l'importation, soumis aux droits de timbre fixés pour ceux publiés en France.

14. Tout roman-feuilleton publié dans un journal ou dans son supplément, sera soumis à un timbre de un centime par numéro. — Ce droit ne sera que d'un demi-centime pour les journaux des départements autres que ceux de la Seine et de Seine-et-Oise.

15. Le timbre servira d'affranchissement au profit des éditeurs de journaux et écrits, savoir : — celui de cinq centimes pour le transport et la distribution sur tout le terri-

---

(1) V. *Presse.*

toire de la République; — celui de deux centimes pour le transport des journaux et écrits périodiques dans l'intérieur du département (autre que ceux de la Seine et de Seine-et-Oise) où ils sont publiés, et des départements limitrophes. — Les journaux ou écrits seront transportés et distribués par le service ordinaire de l'administration des postes.

16. Les journaux ou écrits périodiques frappés du timbre de deux centimes devront, pour être transportés et distribués hors des limites déterminées par le troisième paragraphe de l'article précédent, payer un supplément de prix de trois centimes. — Ce supplément de prix sera acquitté au bureau de poste du départ, et le journal sera frappé d'un timbre constatant l'acquittement de ce droit.

17. L'affranchissement résultant du timbre ne sera valable, pour les journaux ou écrits périodiques, que pour le jour et pour le départ du lieu de leur publication. — Pour les autres écrits, il ne sera également valable que pour un seul transport, et le timbre sera maculé au départ par les soins de l'administration.—Toutefois, les éditeurs des journaux ou écrits périodiques auront le droit d'envoyer en franchise à tout abonné, avec la feuille du jour, les numéros publiés depuis moins de trois mois.

18. Un supplément qui n'excédera pas soixante et douze décimètres carrés, publié par les journaux qui paraissent plus de deux fois par semaine, sera exempt de timbre, sous la condition qu'il sera uniquement consacré aux nouvelles politiques, aux débats de l'Assemblée nationale et des tribunaux, à la reproduction et la discussion des actes du Gouvernement. Les suppléments du Moniteur universel, quel que soit leur nombre, seront exempts de timbre.

19. Quiconque, autre que l'éditeur, voudra faire transporter un journal ou écrit par la poste, sera tenu d'en payer l'affranchissement à raison de cinq centimes ou de deux centimes par feuille, selon les cas prévus par la présente loi. — Le journal sera frappé, au départ, d'un timbre indiquant cet affranchissement. — A défaut de cet affranchissement, le journal sera, à l'arrivée, taxé comme lettre simple.

20. Une remise de un pour cent sur le timbre sera accordée aux éditeurs de journaux et d'écrits périodiques pour déchets de maculature. — Il sera fait remise d'un centime par feuille de journal qui sera transportée et distribuée aux frais de l'éditeur dans l'intérieur de la ville, et en outre, à Paris, dans l'intérieur de la petite banlieue. — Les conditions à observer pour jouir de cette remise seront fixées par un arrêté du ministre des finances.

21. Un règlement déterminera le mode d'apposition du timbre sur les journaux ou écrits, la place où devra être indiqué le jour de leur publication, le mode de pliage, enfin les conditions à observer pour la remise à la poste des journaux ou écrits, par les éditeurs qui voudront profiter de l'affranchissement.

22. Les recueils et écrits périodiques qui étaient dispensés du timbre, avant le décret du 4 mars 1848, continueront à jouir de cette exemption.

23 Les préposés de l'enregistrement, les officiers de police judiciaire et les agents de la force publique sont autorisés à saisir ceux de ces journaux ou écrits qui seraient en contravention, sauf à constater cette saisie par des procès-verbaux dont la signification sera faite aux contrevenants dans le délai de trois jours.

24. Pour les journaux, gravures ou écrits périodiques, chaque contravention aux dispositions de la présente loi sera punie, indépendamment de la restitution des droits frustrés, d'une amende de cinquante francs pour chaque feuille ou fraction de feuille non timbrée. L'amende sera de cent francs en cas de récidive. — Pour les autres écrits, chaque contravention sera punie, indépendamment de la restitution des droits

frustrés, d'une amende égale au double desdits droits, sans que, dans aucun cas, cette amende puisse être moindre de deux cents francs. — Les auteurs, éditeurs, gérants, imprimeurs et distributeurs desdits journaux ou écrits soumis au timbre, seront solidairement tenus de l'amende, sauf leur recours les uns contre les autres.

25. Le recouvrement des droits de timbre et des amendes de contravention sera poursuivi, et les instances seront instruites et jugées conformément à l'article 76 de la loi du 28 avril 1816.

22 *juillet.* — LOI *relative aux Défrichements de Bois.*

L'ASSEMBLÉE NATIONALE A ADOPTÉ D'URGENCE LA LOI dont la teneur suit :

ART. 1er. Les dispositions transitoires du titre XV du Code forestier sont prorogées jusqu'au 31 juillet 1851.

2. Le décret du 2 mai 1848, relatif à la taxe des défrichements, est abrogé.

30 *juillet* 1850. — LOI *sur la police des Théâtres.*

ART. 1er. Jusqu'à ce qu'une loi générale, qui devra être présentée dans le délai d'une année, ait définitivement statué sur la police des théâtres, aucun ouvrage dramatique ne pourra être représenté sans l'autorisation préalable du ministre de l'intérieur à Paris, et du préfet dans les départements. — Cette autorisation pourra toujours être retirée pour des motifs d'ordre public.

2. Toute contravention aux dispositions qui précèdent est punie, par les tribunaux correctionnels, d'une amende de cent francs à mille francs, sans préjudice des poursuites auxquelles pourraient donner lieu les pièces représentées.

3. Pour l'exécution de la présente loi, il est ouvert au ministre de l'intérieur un crédit de douze mille quatre-vingt-trois francs trente centimes (12,083 fr. 30 c.), en addition au chapitre des subventions aux théâtres pour l'exercice 1850.

13 *juin,* 3 *juillet et* 5 *août* 1850. — LOI *sur l'éducation et le patronage des jeunes détenus.*

ART. 1er. Les mineurs des deux sexes détenus à raison de crimes, délits, contraventions aux lois fiscales, ou par voie de correction paternelle, reçoivent, soit pendant leur détention préventive, soit pendant leur séjour dans les établissements pénitentiaires, une éducation morale, religieuse et professionnelle.

2. Dans les maisons d'arrêt et de justice, un quartier distinct est affecté aux jeunes détenus de toute catégorie.

3. Les jeunes détenus acquittés en vertu de l'art. 66 du Code pénal, comme ayant agi sans discernement, mais non remis à leurs parents, sont conduits dans une colonie pénitentiaire ; ils y sont élevés en commun, sous une discipline sévère, et appliqués aux travaux de l'agriculture, ainsi qu'aux principales industries qui s'y rattachent. Il est pourvu à leur instruction élémentaire.

4. Les colonies pénitentiaires reçoivent également les jeunes détenus condamnés à un emprisonnement de plus de six mois et qui n'excède pas deux ans. — Pendant les trois premiers mois, ces jeunes détenus sont renfermés dans un quartier distinct, et appliqués à des travaux sédentaires. — A l'expiration de ce terme, le directeur peut, en raison de leur bonne conduite, les admettre aux travaux agricoles de la colonie.

5. Les colonies pénitentiaires sont des établissements publics ou privés. — Les éta-

blissements publics sont ceux fondés par l'Etat, et dont il institue les directeurs. — Les établissements privés sont ceux fondés et dirigés par des particuliers, avec l'autorisation de l'Etat.

6. Dans les cinq ans qui suivront la promulgation de la présente loi, les particuliers ou les associations qui voudront établir des colonies pénitentiaires pour les jeunes détenus, formeront, auprès du ministre de l'intérieur, une demande en autorisation, et produiront à l'appui les plans, statuts et règlements intérieurs de ces établissements. — Le ministre pourra passer avec ces établissements, dûment autorisés, des traités pour la garde, l'entretien et l'éducation d'un nombre déterminé de jeunes détenus. — A l'expiration des cinq années, si le nombre total des jeunes détenus n'a pu être placé dans des établissements particuliers, il sera pourvu, aux frais de l'Etat, à la fondation de colonies pénitentiaires.

7. Toute colonie pénitentiaire privée est régie par un directeur responsable, agréé par le Gouvernement et investi de l'autorité des directeurs des maisons de correction.

8. Il est établi auprès de toute colonie pénitentiaire un conseil de surveillance qui se compose : — d'un délégué du préfet ; — d'un ecclésiastique désigné par l'évêque du diocèse ; — de deux délégués du conseil général ; — d'un membre du tribunal civil de l'arrondissement, élu par ses collègues.

9. Les jeunes détenus des colonies pénitentiaires peuvent obtenir, à titre d'épreuve, et sous des conditions déterminées par le règlement d'administration publique, d'être placés provisoirement hors de la colonie.

10. Il est établi, soit en France, soit en Algérie, une ou plusieurs colonies correctionnelles où sont conduits et élevés : — 1° les jeunes détenus condamnés à un emprisonnement de plus de deux années ; — 2° les jeunes détenus des colonies pénitentiaires qui auront été déclarés insubordonnés. — Cette déclaration est rendue, sur la proposition du directeur, par le conseil de surveillance. Elle est soumise à l'approbation du ministre de l'intérieur.

11. Les jeunes détenus des colonies correctionnelles sont, pendant les six premiers mois, soumis à l'emprisonnement et appliqués à des travaux sédentaires. — A l'expiration de ce terme, le directeur peut, en raison de leur bonne conduite, les admettre aux travaux agricoles de la colonie.

12. Sauf les prescriptions de l'article précédent, les règles fixées par la présente loi pour les colonies pénitentiaires sont applicables aux colonies correctionnelles. — Les membres du conseil de surveillance des colonies correctionnelles établies en Algérie seront au nombre de cinq, et désignés par le préfet du département.

13. Il est rendu compte par le directeur au conseil de surveillance des mesures prises en vertu des articles 9 et 11 de la présente loi.

14. Les colonies pénitentiaires et correctionnelles sont soumises à la surveillance spéciale du procureur général du ressort, qui est tenu de les visiter chaque année. — Elles sont en outre visitées chaque année par un inspecteur général, délégué par le ministre de l'intérieur. — Un rapport général sur la situation de ces colonies sera présenté tous les ans par le ministre de l'intérieur à l'Assemblée nationale.

15. Les règles tracées par la présente loi pour la création, le régime et la surveillance des colonies pénitentiaires, s'appliquent aux maisons pénitentiaires destinées à recevoir les jeunes filles détenues, sauf les modifications suivantes.

16. Les maisons pénitentiaires reçoivent : 1° les mineures détenues par voie de correction paternelle ; 2° les jeunes filles de moins de seize ans condamnées à l'emprison-

nement pour une durée quelconque ; 3° les jeunes filles acquittées comme ayant agi sans discernement et non remises à leurs parents.

17. Les jeunes filles détenues dans les maisons pénitentiaires sont élevées sous une discipline sévère et appliquées aux travaux qui conviennent à leur sexe.

18. Le conseil de surveillance des maisons pénitentiaires se compose : — d'un ecclésiastique désigné par l'évêque du diocèse ; — de quatre dames déléguées par le préfet du département. — L'inspection, faite au nom du ministre de l'intérieur, sera exercée par une dame inspectrice.

19. Les jeunes détenus désignés aux art. 3, 4, 10 et 16, paragraphes 2 et 3, sont, à l'époque de leur libération, placés sous le patronage de l'assistance publique pendant trois années au moins.

20. Sont à la charge de l'Etat : — 1° les frais de création et d'entretien des colonies correctionnelles et des établissements publics servant de colonies et de maisons pénitentiaires ; — 2° les subventions aux établissements privés, auxquels de jeunes détenus seront confiés. — La loi sur l'organisation départementale déterminera, s'il y a lieu, le mode de participation des départements dans l'entretien des jeunes détenus.

21. Un règlement d'administration publique déterminera : — 1° le régime disciplinaire des établissements publics destinés à la correction et à l'éducation des jeunes détenus ; — 2° le mode de patronage des jeunes détenus après leur libération.

TABLE CHRONOLOGIQUE

DES

Matières contenues dans le supplément du Dictionnaire des Lois Pénales.

		Pages.
1844.	25 avril. — Loi sur les patentes...	1005
—	3 mai. — Loi sur la police de la chasse	1006
—	5 juillet. — Loi sur les brevets d'invention	1010
1845.	15 juillet. — Loi sur la police des chemins de fer	1016
—	15 juillet. — Loi relative au chemin de fer de Paris à la Belgique. (Dispositions générales.)	1020
—	19 juillet. — Loi sur la vente de substances vénéneuses	1021
1847.	22 juillet. — Loi relative au défrichement des bois.	1021
1848.	29 fevrier. — Arrêté sur l'affichage et la distribution d'écrits sans nom d'imprimeur	1021
—	6 mars. — Décret qui abroge la loi du 9 septembre 1835 sur la presse, et plusieurs articles du code d'instruction criminelle et pénal	1021
—	18 avril. — Décret relatif à la réhabilitation des condamnés	1022
—	7 juin. — Loi sur les attroupements	1023
—	28 juillet. — Décret sur les clubs.	1024
—	7 août — Décret sur le jury.	1026

TABLE CHRONOLOGIQUE DES MATIÈRES CONTENUES DANS LE SUPPLÉMENT.

		Pages.
1848.	9 août. — Décret relatif au cautionnement des journaux et écrits périodiques	1029
—	11 août. — Décret relatif à la répression des crimes et délits commis par la voie de la presse	1030
—	8 octobre. — Décret relatif à la majorité du jury	1031
—	13 décembre. — Loi sur la contrainte par corps	1031
1849.	15 mars. — Loi sur les élections	1033
—	9 juin. — Loi sur les clubs	1035
—	27 juillet. — Loi sur la presse	1036
—	9 août. — Loi sur l'état de siége	1039
—	15 octobre. — Loi qui prononce des peines contre les individus qui feraient usage du timbre-poste ayant déjà servi à l'affranchissement des lettres	1040
1850.	2 janvier. — Loi qui modifie l'art. 472 du code d'instruction criminelle	1041
—	27 février. (27 novembre, 5 décembre 1849). — Loi relative aux commissaires et sous-commissaires préposés à la surveillance des chemins de fer	1041
—	19 janvier, 17 mars et 13 avril. — Loi relative à l'assainissement des logements insalubres	1042
1850.	6 juin. — Loi portant prorogation de la loi du 22 juin 1849 sur les clubs	1043
—	5, 22 avril et 8 juin. — Loi sur la déportation	1043
—	11 janvier. — Loi relative aux instituteurs communaux	1044
—	19 janvier, 26 février et 15 mars. — Loi sur l'enseignement	1045
—	4 février. — Loi sur l'organisation du tribunal des conflits	1058
—	7, 22 mars et 5 juin. — Loi relative au timbre des effets de commerce	1059
—	15 mars, 13 juin et 2 juillet. — Loi relative aux mauvais traitements exercés envers les animaux domestiques	1066
—	16 juillet. — Loi sur le cautionnement des journaux et le timbre des écrits périodiques et non périodiques	1066
—	22 juillet. — Loi relative au défrichement des bois	1069
—	30 juillet. — Loi sur la police des théâtres	1069
—	13 juin, 3 juillet et 5 août. — Loi sur l'éducation et le patronage des jeunes détenus	1069

5481 Imprimerie de Maulde et Renou, rue Bailleul, 9-11.

5481 Paris. — Imp. Maulde et Renou, rue Bailleul, 9-11.

www.ingramcontent.com/pod-product-compliance
Ingram Content Group UK Ltd.
Pitfield, Milton Keynes, MK11 3LW, UK
UKHW020937180726
13838UKWH00003B/1002